DR. OETKER

PARTY
TOPF

GNOCCHI-TOPF, SPANISCHER HÜHNERTOPF,
BOLOGNESER REISTOPF, FÖRSTERTOPF...

DR. OETKER

PARTY TOPF

GNOCCHI-TOPF, SPANISCHER HÜHNERTOPF, BOLOGNESER REISTOPF, FÖRSTERTOPF...

Dr. Oetker Verlag

Vorwort

Alles aus einem Topf: Einfacher geht es nicht. Die Rezepte sind gut vorzubereiten,
damit der Gastgeber sich entspannt von Anfang an seinen Gästen widmen kann,
statt sich bis zur letzten Minute in der Küche abzumühen.

In diesem Party-Buch zeigen wir Ihnen, wie vielfältig die Möglichkeiten sind,
Fleisch, Fisch und Gemüse zu raffinierten, kreativen Gerichten aus einem Topf zu verarbeiten,
sei es auf dem Herd oder im Backofen.

Köstliche Rezeptideen wie z. B. Kasseler-Filet-Topf, Indische Ofensuppe, Griechische Lammsteaks,
Bologneser Reistopf oder Gnocchi-Topf werden Ihre Gäste zum Staunen bringen.

Alle Rezepte sind von Dr. Oetker wie immer nachgekocht und so beschrieben,
dass sie Ihnen gelingen.

Abkürzungen

EL	= Esslöffel
TL	= Teelöffel
Msp.	= Messerspitze
Pck.	= Packung/Päckchen
g	= Gramm
kg	= Kilogramm
ml	= Milliliter
l	= Liter
Min.	= Minuten
Std.	= Stunden
evtl.	= eventuell
geh.	= gehäuft
gestr.	= gestrichen
TK	= Tiefkühlprodukt
°C	= Grad Celsius
Ø	= Durchmesser
E	= Eiweiß
F	= Fett
Kh	= Kohlenhydrate
kcal	= Kilokalorien
kJ	= Kilojoule

Hinweise zu den Rezepten

Die Rezepte sind – wenn nicht anders angegeben –
für 8–10 Personen berechnet. Lesen Sie bitte vor der
Zubereitung das Rezept einmal vollständig durch.
Oft werden Arbeitsabläufe oder -zusammenhänge
dann klarer.

Die in den Rezepten angegebenen Gartemperatu-
ren und -zeiten sind Richtwerte, die je nach indivi-
dueller Hitzeleistung des Backofens über- oder
unterschritten werden können. Bitte beachten Sie
deshalb bei der Einstellung des Backofen die Ge-
brauchsanweisung des Herstellers.

Zubereitungszeiten

Die Zubereitungszeit beinhaltet nur die Zeit für die
eigentliche Zubereitung, die Back- und Garzeiten
sind gesondert ausgewiesen. Längere Wartezeiten
wie z. B. Kühlzeiten sind nicht mit einbezogen.

Kasseler-Filet-Topf, geschmort

Zubereitungszeit: 60 Min.
Garzeit: etwa 40 Min.

Pro Portion:
E: 28 g, F: 30 g, Kh: 19 g,
kJ: 1906, kcal: 456

- **1,2 kg Kasseler-Filet (aus dem Kotelettstück)**
- **800 g fest kochende Kartoffeln**
- **1 Stange Porree (Lauch, etwa 400 g)**
- **4 EL Speiseöl**
- **2 Dosen (je 810 g) Sauerkraut**
- **Salz**
- **frisch gemahlener Pfeffer**
- **2 Lorbeerblätter**
- **4 Wacholderbeeren**

- **2 Becher (je 150 g) Crème fraîche**
- **1 gestr. TL Paprikapulver edelsüß**

1 Kasseler-Filet unter fließendem kalten Wasser abspülen, trockentupfen und in etwa 2 cm dicke Scheiben schneiden.

2 Kartoffeln waschen, schälen, abspülen und in gleich große Würfel schneiden. Porree putzen, die Stange längs halbieren. Porree waschen, abtropfen lassen und in feine Streifen schneiden.

3 Speiseöl in einem Bräter erhitzen, Kasselerscheiben von beiden Seiten darin anbraten. Kartoffelwürfel und Porreestreifen hinzufügen und mitdünsten lassen.

4 Sauerkraut mit der Flüssigkeit hinzugeben und gut vermischen. Mit Salz und Pfeffer würzen. Lorbeerblätter und Wacholderbeeren hinzufügen. Die Zutaten zum Kochen bringen und zugedeckt etwa 40 Minuten garen, dabei ab und zu umrühren.

5 Crème fraîche mit Paprika verrühren und unter den Kasseler-Filet-Topf geben.

■ **Beilage:**
Kartoffelpüree und geschmorte Zwiebelringe (dann jedoch Crème fraîche [Punkt 5] nicht unter den Kasseler-Filet-Topf rühren).

■ **Tipp:**
Statt Kasseler-Filet Kasseler-Nacken verwenden.
Der Kasseler-Filet-Topf kann auch im Backofen gegart werden, dann wie unter Punkt 4 beschrieben die Zutaten zum Kochen bringen und den Bräter mit Deckel auf dem Rost in den Backofen schieben und bei Ober-/Unterhitze etwa 200 °C (vorgeheizt), Heißluft etwa 180 °C (nicht vorgeheizt), Gas Stufe 3–4 (nicht vorgeheizt) in etwa 40 Minuten fertig garen, dabei zwischendurch umrühren.

Förstertopf

Zubereitungszeit: 65 Min.
Garzeit: etwa 40 Min.

Pro Portion:
E: 55 g, F: 45 g, Kh: 11 g,
kJ: 2767, kcal: 660

- **1,2 kg Schweinefilet**
- **6–8 EL Speiseöl**
- **Salz**
- **frisch gemahlener Pfeffer**
- **800 g Tomaten**
- **1 kg braune Champignons**
- **16 Scheiben Schinkenspeck**
- **8 Scheiben gekochter Schinken**

Für die Sauce:
- **6–8 EL Tomatenketchup**
- **1 geh. EL Weizenmehl**
- **2 Becher (je 250 g) Schmand**
- **2 Becher (je 250 ml) Schlagsahne**
- **2 Knoblauchzehen**
- **2 mittelgroße Zwiebeln**

- **1 Pck. (25 g) TK-Italienische Kräuter**
- **1 Pck. (25 g) TK-Basilikum**
- **gerebelter Oregano**

Zum Bestreuen:
- **40 g Parmesan-Käse**

1 Schweinefilet unter fließendem kalten Wasser abspülen und trockentupfen. Fleisch in dicke Filets (je etwa 80 g) schneiden. 4 Esslöffel von dem Speiseöl in einer großen Pfanne erhitzen. Filets evtl. in 2 Portionen von beiden Seiten darin anbraten, herausnehmen, mit Salz und Pfeffer bestreuen. Filets in eine große flache Auflaufform legen.

2 Tomaten waschen, kreuzweise einschneiden und einige Sekunden in kochendes Wasser legen. Tomaten kurz in kaltes Wasser legen, enthäuten, Stängelansätze herausschneiden. Tomaten in Scheiben schneiden. Champignons putzen, mit Küchenpapier abreiben, evtl. abspülen, abtropfen lassen, in Stücke schneiden und in dem verbliebenen Bratfett mit dem restlichen Speiseöl anbraten. Schinkenspeck und Kochschinken in Streifen schneiden.

3 Champignonstücke, Schinkenstreifen und zuletzt die Tomatenscheiben auf dem Fleisch verteilen.

4 Für die Sauce Ketchup mit Mehl, Schmand und Sahne in einem Topf verrühren. Knoblauch und Zwiebeln abziehen, fein würfeln und unterrühren. Die Sauce zum Kochen bringen und unter Rühren 2–3 Minuten kochen lassen. TK-Kräuter hinzufügen. Mit Salz, Pfeffer und Oregano abschmecken. Die Sauce über den Auflauf gießen. Käse darüber streuen. Die Form auf dem Rost in den Backofen schieben.

Ober-/Unterhitze:
etwa 200 °C (vorgeheizt)
Heißluft: etwa 180 °C (nicht vorgeheizt)
Gas: Stufe 3–4 (nicht vorgeheizt)
Garzeit: etwa 40 Min.

- **Beilage:**
Gnocchi aus dem Kühlregal. Dann Gnocchi in zerlassener Butter oder erhitztem Olivenöl anbraten und nach Belieben mit gehacktem Basilikum bestreuen.

Gratinierter Fleischtopf

Zubereitungszeit: 70 Min.
Garzeit: Gemüse etwa 10 Min.
Backzeit: Fleischtopf etwa
15 Min.

Pro Portion:
E: 38 g, F: 30 g, Kh: 11 g,
kJ: 1950, kcal: 465

- **1 kg Auberginen**
- **600 g Zucchini**
- **3 Zwiebeln**
- **3 Knoblauchzehen**
- **je 2 grüne und rote Paprikaschoten**
- **250 g Champignons**
- **6 Tomaten**
- **8 EL Olivenöl**
- **4 EL Tomatenmark**
- **250 ml (¼ l) Gemüsebrühe**
- **200 ml Schlagsahne**
- **Salz**
- **frisch gemahlener Pfeffer**
- **gerebelter Oregano**

- **1,2 kg Rinderfilet oder Roastbeef**
- **6 EL Olivenöl**
- **10 Scheiben Schmelzkäse**

Nach Belieben:
- **einige Zucchinischeiben**
- **Petersilie**

1 Auberginen und Zucchini waschen, abtrocknen. Von den Auberginen die Stängelansätze und von den Zucchinis die Enden abschneiden. Auberginen und Zucchini in Würfel schneiden. Zwiebeln und Knoblauch abziehen, in kleine Würfel schneiden.

2 Paprika halbieren, entstielen, entkernen, die weißen Scheidewände entfernen. Die Schoten waschen und ebenfalls in Würfel schneiden. Champignons putzen, mit Küchenpapier abreiben, evtl. abspülen, trockentupfen und halbieren. Tomaten waschen, kreuzweise einschneiden und einige Sekunden in kochendes Wasser legen. Tomaten kurz in kaltes Wasser legen, enthäuten, halbieren, entkernen, Stängelansätze herausschneiden. Fruchtfleisch in kleine Stücke schneiden.

3 Olivenöl in einer großen Pfanne oder in einem Bräter erhitzen. Zwiebel- und Knoblauchwürfel darin glasig dünsten. Das vorbereitete Gemüse in 2–3 Portionen nacheinander hinzugeben und jeweils etwa 10 Minuten andünsten. Tomatenmark unterrühren und mit andünsten. Brühe und Sahne hinzugießen. Mit Salz, Pfeffer und Oregano würzen. Die

Gemüsemasse zum Kochen bringen und etwa 10 Minuten garen.

4 Rinderfilet oder Roastbeef unter fließendem kalten Wasser abspülen, trockentupfen, von Haut und Sehnen befreien. Das Fleisch zuerst in Scheiben, dann in etwa 2 cm große Würfel schneiden.

5 Olivenöl in einer großen Pfanne erhitzen. Fleischwürfel evtl. in 2 Portionen von allen Seiten darin anbraten, herausnehmen, mit Salz und Pfeffer würzen. Fleischwürfel mit dem Gemüse vermengen und in eine große flache Auflaufform geben. Käsescheiben darauf legen. Die Form auf dem Rost in den Backofen schieben und den Fleischtopf überbacken.

Ober-/Unterhitze:
etwa 220 °C (vorgeheizt)
Heißluft: etwa 200 °C (vorgeheizt)
Gas: Stufe 4–5 (vorgeheizt)
Backzeit: etwa 15 Min.

6 Nach Belieben den Fleischtopf mit Zucchinscheiben und Petersilie garniert servieren.

- **Tipp:**
Sie können den Fleischtopf auch in einem Bräter zubereiten.

Schweinefleischtopf

Zubereitungszeit: 85 Min.

Pro Portion:
E: 34 g, F: 18 g, Kh: 64 g,
kJ: 2456, kcal: 584

- **1 kg Schweinenacken ohne Knochen**
- **Salz**
- **frisch gemahlener Pfeffer**
- **6 EL Speiseöl**
- **500 g Langkorn- und Wildreis, gemischt**
- **Salzwasser**
- **2 grüne Paprikaschoten (etwa 500 g)**
- **50 g getrocknete Mu-Err-Pilze (schwarze, chinesische Baumpilze)**
- **2 Dosen Sojabohnenkeimlinge (Abtropfgewicht je 170 g)**
- **2 Dosen Bambussprossen (Abtropfgewicht je 170 g)**
- **1 Topf frischer Koriander**
- **2 rote Chilischoten**
- **200 ml Fleischbrühe**
- **400 ml sweet & sour-Sauce (Fertigprodukt, Asialaden)**
- **2 EL Sojasauce**

1 Schweinenacken unter fließendem kalten Wasser abspülen, trockentupfen und in kleine dünne Scheiben schneiden. Mit Salz und Pfeffer bestreuen.

2 Die Hälfte des Speiseöls in einer großen Pfanne erhitzen. Fleischscheiben in 2 Portionen von beiden Seiten darin anbraten, herausnehmen und warm stellen.

3 Reis in kochendes Salzwasser geben, zugedeckt zum Kochen bringen und nach Packungsanleitung garen. Den garen Reis in ein Sieb geben, mit kaltem Wasser übergießen und abtropfen lassen.

4 Paprika halbieren, entstielen, entkernen, die weißen Scheidewände entfernen. Die Schoten waschen, trockentupfen und in Streifen schneiden. Mu-Err-Pilze in Wasser einweichen. Sojabohnenkeimlinge und Bambussprossen in einem Sieb abtropfen lassen. Bambussprossen in Streifen schneiden.

5 Koriander abspülen und trockentupfen. Die Blättchen von den Stängeln zupfen. Chilischoten abspülen, trockentupfen, halbieren, entkernen und in kleine Würfel schneiden.

6 Restliches Speiseöl in einem Bräter erhitzen. Paprikastreifen darin andünsten. Sojabohnenkeimlinge, Bambussprossen, Reis und die eingeweichten abgetropften Pilze hinzufügen. Brühe hinzugießen und kurz aufkochen lassen. Sweet & sour Sauce, Sojasauce und Chiliwürfel unterrühren. Mit Salz und Pfeffer abschmecken, unter Rühren nochmals erhitzen.

7 Warm gestellte Fleischscheiben unterheben. Den Schweinefleisch-Topf mit Korianderblättchen garniert servieren.

Schweinegulaschtopf

Foto
Zubereitungszeit: 25 Min.
Garzeit: etwa 2 Std.

Pro Portion:
E: 45 g, F: 34 g, Kh: 30 g,
kJ: 2570, kcal: 615

- **1,5 kg Schweinegulasch**
- **1 kg Zwiebeln**
- **3 Gläser (je 250 g) Chilisauce**
- **2 Gläser (je 500 g) Jägersauce**
- **2 Dosen Champignonscheiben (je etwa 380 g)**
- **2 Becher (je 200 ml) Schlagsahne**

1 Fleisch evtl. etwas kleiner schneiden und in eine große Auflaufform oder in einen Bräter geben. Zwiebeln abziehen, in Scheiben schneiden und mit dem Fleisch vermengen. Chili- und Jägersauce hinzugeben und untermischen.

2 Die Form (ohne Deckel) auf dem Rost in den Backofen schieben und das Fleisch vorgaren, dabei zwischendurch umrühren.

Ober-/Unterhitze:
etwa 200 °C (vorgeheizt)
Heißluft: etwa 180 °C
(nicht vorgeheizt)
Gas: Stufe 3–4 (nicht vorgeheizt)
Garzeit: etwa 1 Std.

3 Champignonscheiben in einem Sieb abtropfen lassen. Sahne und Champignonscheiben zum vorgegarten Fleisch geben und gut vermischen. Die Form wieder auf dem Rost in den Backofen schieben und **bei gleicher Backofeneinstellung in etwa 1 Stunde** fertig garen.

Sächsisches Zwiebelfleisch

Zubereitungszeit: 75 Min.
Garzeit: etwa 2 Std.

Pro Portion:
E: 28 g, F: 11 g, Kh: 15 g,
kJ: 1124, kcal: 268

- **1 kg Gemüsezwiebeln**
- **1,2 kg Rindfleisch (aus dem Nacken)**
- **2 Lorbeerblätter**
- **Salz, Pfeffer**
- **1 TL Kümmelsamen**
- **1 l Gemüsebrühe**
- **1 Salatgurke**
- **200 g Pumpernickel**
- **1–2 TL gehackte Petersilie**

1 Gemüsezwiebeln abziehen, vierteln und in Scheiben schneiden. Rindfleisch unter fließendem kalten Wasser abspülen, trockentupfen und in etwa 2 x 2 cm große Würfel schneiden, dabei Haut und Fett entfernen.

2 Zwiebelscheiben, Rindfleischwürfel und Lorbeerblätter in einen großen Bräter geben. Mit Salz, Pfeffer und Kümmelsamen würzen. Brühe hinzugießen.

3 Den Bräter mit Deckel auf dem Rost in den Backofen schieben.

Ober-/Unterhitze:
etwa 200 °C (vorgeheizt)
Heißluft: etwa 180 °C
(nicht vorgeheizt)
Gas: Stufe 3-4 (nicht vorgeheizt)
Backzeit: etwa 2 Std.

(Fortsetzung Seite 16)

4 Gurke schälen und die Enden abschneiden. Gurke in Würfel schneiden. Pumpernickel fein hacken.

5 Nach etwa 1 Stunde Garzeit Gurkenwürfel und Pumpernickelstückchen zum Fleischtopf geben und das Zwiebelfleisch mit Deckel in 1 Stunde fertig garen.

6 Das Zwiebelfleisch mit Salz und Pfeffer abschmecken. Mit Petersilie bestreut sofort servieren.

■ **Beilage:**

Salz- oder Pellkartoffeln oder Bauernbrot.

Pfifferlings-Rindfleisch-Topf

Zubereitungszeit: 65 Min.
Garzeit: etwa 1½ Std.

Pro Portion:
E: 29 g, F: 13 g, Kh: 7 g,
kJ: 1139, kcal: 272

- **200 g durchwachsener Speck**
- **4 mittelgroße Zwiebeln**
- **1 kg Möhren**
- **500 g Pfifferlinge**
- **1 kg mageres Rindfleisch**
- **Salz**
- **frisch gemahlener Pfeffer**
- **Tabascosauce**
- **2 Lorbeerblätter**
- **375 ml (³/₈ l) Fleischbrühe**
- **125 ml (¹/₈ l) Weißwein**
- **2 Becher (je 150 g) saure Sahne**

1 Speck in kleine Würfel schneiden und in einer Pfanne auslassen. Zwiebeln abziehen, in Scheiben schneiden, zu den Speckwürfeln geben und glasig dünsten lassen.

2 Möhren putzen, schälen, waschen, abtropfen lassen und in Scheiben schneiden. Pfifferlinge putzen, mit Küchenpapier abreiben, evtl. abspülen und trockentupfen. Große Pfifferlinge halbieren.

3 Rindfleisch unter fließendem kalten Wasser abspülen, trockentupfen und in kleine Würfel schneiden. Speck-Zwiebel-Masse, Fleischwürfel, Möhrenscheiben und zuletzt Pfifferlinge in eine große hohe Auflaufform oder in einen hohen Topf (Bräter) schichten, dabei jede Schicht mit Salz und Pfeffer und nach Belieben mit Tabascosauce würzen. Lorbeerblätter hinzufügen.

4 Brühe mit Wein und saurer Sahne verrühren, hinzugießen. Die Form oder den Topf (Bräter) zugedeckt auf dem Rost in den Backofen schieben.

Ober-/Unterhitze:
etwa 200 °C (vorgeheizt)
Heißluft: etwa 180 °C
(nicht vorgeheizt)
Gas: Stufe 3–4 (nicht vorgeheizt)
Garzeit: etwa 1½ Std.

Deftiger Kohltopf

Foto
Zubereitungszeit: 55 Min.,
ohne Auftauzeit
Garzeit: etwa 35 Min.

Pro Portion:
E: 16 g, F: 24 g, Kh: 14 g,
kJ: 1398, kcal: 334

- 1 kg TK-Rosenkohl
- ½ Spitzkohl (etwa 500 g)
- ½ Kopf Wirsing (etwa 500 g)
- 500 g fest kochende Kartoffeln, z. B. Hansa
- 500 g Cabanossi oder geräucherte Mettwürstchen
- 6 EL Speiseöl
- 2 l Gemüsebrühe
- Salz
- frisch gemahlener Pfeffer
- Kümmelsamen
- 2 Bund glatte Petersilie

1 Rosenkohl auftauen lassen. Von Spitzkohl und Wirsing die groben äußeren Blätter entfernen, jeweils den Strunk herausschneiden. Spitzkohl und Wirsing waschen, abtropfen lassen und in große Stücke schneiden.

2 Kartoffeln waschen, schälen, abspülen und in Würfel schneiden. Cabanossi oder Mettwürstchen in dünne Scheiben schneiden.

3 Speiseöl in einem Bräter erhitzen. Kartoffelwürfel, Spitzkohl-, Wirsingstücke, Rosenkohl und Wurstscheiben portionsweise darin andünsten. Brühe hinzugießen. Mit Salz, Pfeffer und Kümmel würzen. Die Zutaten zum Kochen bringen und zugedeckt bei schwacher Hitze etwa 35 Minuten garen.

4 Petersilie abspülen und trockentupfen. Die Blättchen von den Stängeln zupfen. Blättchen fein hacken und unter den Kohltopf rühren. Mit Salz und Pfeffer abschmecken.

- **Beilage:**
Kleine Roggenbrötchen oder ein rustikales Bauernbrot.

Indische Ofensuppe

Zubereitungszeit: 20 Min.
Garzeit: etwa 90 Min.

Pro Portion:
E: 39 g, F: 25 g, Kh: 34 g,
kJ: 2197, kcal: 526

- 1,2 kg Putenbrust
- 6 EL Sojasauce
- 2 EL Currypulver
- Salz
- frisch gemahlener Pfeffer
- 1 Dose Pfirsichspalten (Abtropfgewicht 490 g)
- 2 Gläser Champignonscheiben (Abtropfgewicht je 315 g)
- 300 g TK-Erbsen
- 250 ml (¼ l) Schlagsahne
- 2 Flaschen (je 500 ml [½ l]) Currysauce
- 1 l Gemüsebrühe

1 Putenbrust unter fließendem kalten Wasser abspülen, trockentupfen, zuerst in Scheiben, dann in Streifen schneiden. Die Fleisch-

(Fortsetzung Seite 20)

streifen mit Sojasauce und Curry mischen, in einen großen Bräter geben, mit wenig Salz und Pfeffer bestreuen.

2 Pfirsichspalten und Champignonscheiben getrennt in einem Sieb abtropfen lassen. gefrorene Erbsen, Pfirsichspalten und Champignonscheiben zu den Fleischstreifen geben und gut vermengen. Sahne, Currysauce und Brühe verrühren, ebenfalls in den Bräter geben und unterrühren.

3 Den Bräter auf dem Rost in den Backofen schieben.

Ober-/Unterhitze:
etwa 200 °C (vorgeheizt)
Heißluft: etwa 180 °C
(nicht vorgeheizt)
Gas: Stufe 3–4 (nicht vorgeheizt)
Garzeit: etwa 90 Min.

Linseneintopf mit Speck

Zubereitungszeit: 30 Min.
Garzeit: etwa 30 Min.

Pro Portion:
E: 30 g, F: 27 g, Kh: 42 g,
kJ: 2234, kcal: 534

- **3 Zwiebeln**
- **250 g durchwachsener Speck**
- **4–5 EL Speiseöl**
- **2 EL Currypulver**
- **1,2 kg fest kochende Kartoffeln**
- **1 l Fleischbrühe**
- **2 große Dosen Linsen mit Suppengrün (Einwaage je 800 g)**
- **8 Mettwürstchen**
- **2 Äpfel**
- **Salz**
- **frisch gemahlener Pfeffer**

1 Zwiebeln abziehen und in kleine Würfel schneiden. Speck ebenfalls in kleine Würfel schneiden.

2 Speiseöl in einem großen Topf erhitzen, Speckwürfel darin auslassen. Zwiebelwürfel darin glasig dünsten. Mit Curry bestreuen, kurz mit andünsten.

3 Kartoffeln waschen, schälen, abspülen, abtropfen lassen und in Würfel schneiden. Kartoffelwürfel zu den Speckwürfeln geben und kurz mit andünsten. Brühe hinzugießen, zum Kochen bringen und etwa 15 Minuten kochen lassen. Linsen und Würstchen hinzufügen, zum Kochen bringen und etwa 10 Minuten gar ziehen lassen.

4 Äpfel schälen, vierteln, entkernen und in kleine Stücke schneiden. Apfelstücke in den Eintopf geben und etwa 5 Minuten mitkochen lassen. Eintopf umrühren, mit Salz, Pfeffer und Curry abschmecken.

■ Tipp:
Statt Mettwürstchen können auch Wiener Würstchen verwendet werden, die jedoch nur in heißem Wasser erwärmt werden.

Schlemmertopf

Zubereitungszeit: 40 Min.
Backzeit: etwa 35 Min.

Pro Portion:
E: 18 g, F: 29 g, Kh: 33 g,
kJ: 1964, kcal: 471

- **2 kg gegarte, kleine, fest kochende Pellkartoffeln**
- **4 EL Pflanzenfett**
- **Salz**
- **frisch gemahlener Pfeffer**
- **4 mittelgroße Zwiebeln**
- **300 g gekochter Schinken**
- **2 EL Butter oder Margarine**
- **2 Stangen Porree (Lauch)**
- **2 Becher (je 150 g) Crème fraîche**
- **250 ml (¹/₄ l) Schlagsahne**
- **5 Eier (Größe M)**
- **Kümmelsamen**

1 Kartoffeln pellen und in Scheiben schneiden. Pflanzenfett in einer Pfanne erhitzen. Kartoffelscheiben hinzufügen und unter mehrmaligem Wenden goldbraun braten. Mit Salz und Pfeffer würzen.

2 Zwiebeln abziehen, in kleine Würfel schneiden und kurz vor Beendigung der Bratzeit zu den Kartoffelscheiben geben und mitbraten lassen.

3 Schinken würfeln. Butter oder Margarine in einer Pfanne zerlassen. Schinkenwürfel darin anbraten.

4 Porree putzen, die Stangen längs halbieren. Porree waschen, abtropfen lassen, in kleine Streifen schneiden, zu den Schinkenwürfeln geben und kurz mit andünsten.

5 Die Bratkartoffeln in eine große flache Auflaufform oder Fettfangschale geben. Schinken-Porree-Masse gleichmäßig darauf verteilen. Mit Salz und Pfeffer würzen. Crème fraîche und Sahne mit Eiern verschlagen, Kümmel unterrühren und über die Bratkartoffeln gießen.

6 Die Form auf dem Rost oder die Fettfangschale in den Backofen schieben.

Ober-/Unterhitze:
etwa 200 °C (vorgeheizt)
Heißluft: etwa 180 °C
(nicht vorgeheizt)
Gas: Stufe 3–4 (nicht vorgeheizt)
Backzeit: etwa 35 Min.

- **Tipp:**
Kartoffeln am besten am Vortag vorkochen. Es können auch sehr kleine Kartoffeln verwendet werden, diese jedoch nicht in Scheiben schneiden.

Paprika-Linsen-Eintopf mit Forelle

Zubereitungszeit: 45 Min.
Garzeit: etwa 25 Min.

Pro Portion:
E: 27 g, F: 12 g, Kh: 41 g,
kJ: 1612, kcal: 385

- **4 mittelgroße Zwiebeln**
- **5 Knoblauchzehen**
- **1,2 kg grüne Paprikaschoten**
- **1,2 kg fest kochende Kartoffeln**
- **8 EL Olivenöl**
- **2,5 l Gemüsebrühe**
- **400 g rote Linsen**
- **100 g Tomatenketchup**
- **Salz**
- **frisch gemahlener Pfeffer**
- **500 g geräucherte Forellenfilets**

1 Zwiebeln und Knoblauch abziehen, in kleine Würfel schneiden. Paprika halbieren, entstielen, entkernen, die weißen Scheidewände entfernen. Die Schoten waschen, trockentupfen und in Würfel schneiden. Kartoffeln waschen, schälen, abspülen und ebenfalls in Würfel schneiden.

2 Olivenöl in einem großen Topf oder Bräter erhitzen. Zwiebel- und Knoblauchwürfel darin andünsten. Kartoffelwürfel hinzufügen und kurz mit andünsten. Paprikawürfel ebenfalls kurz mitdünsten lassen. Brühe hinzugießen. Die Zutaten zum Kochen bringen und zugedeckt etwa 15 Minuten bei schwacher Hitze kochen lassen. Linsen hinzugeben und weitere 10 Minuten kochen.

3 Den Eintopf mit Ketchup, Salz und Pfeffer würzen. Forellenfilets grob zerteilen, evtl. Gräten entfernen. Forellenstückchen in den Eintopf geben und kurz erwärmen.

- **Tipp:**
Rote Linsen haben eine kurze Garzeit, da sie sonst zerfallen.
Rote Linsen können durch Tellerlinsen ersetzt werden.
Dann Tellerlinsen mit den Kartoffelwürfeln andünsten und insgesamt 30–35 Minuten garen.

Passierter grüner Erbseneintopf

Zubereitungszeit: 40 Min.
Garzeit: etwa 15 Min.

Pro Portion:
E: 26 g, F: 28 g, Kh: 32 g,
kJ: 2034, kcal: 486

- **4 Dosen grüne Erbsen (Abtropfgewicht je 560 g)**
- **300 ml Gemüsebrühe**
- **Salz**
- **frisch gemahlener Pfeffer**
- **gerebelter Majoran**
- **400 g Zuckerschoten**
- **600 g ungebrühte Kalbsbratwurst oder ungebrühte Bratwurst**
- **Salzwasser**
- **2 Becher (je 150 g) Crème fraîche**
- **1 EL rote Pfefferbeeren**
- **1 Bund Schnittlauch**

1 2 Dosen Erbsen in einem Sieb abtropfen lassen. Restliche Erbsen mit Flüssigkeit und die abgetropften Erbsen mit einem Mixstab pürieren.

2 Erbsenpüree in einen großen Topf geben. Brühe hinzugießen und unter Rühren zum Kochen bringen. Mit Salz, Pfeffer und Majoran abschmecken. Den Topf von der Kochstelle nehmen und beiseite stellen.

3 Von den Zuckerschoten die Enden abschneiden, dabei evtl. die Fäden an den Längsseiten mit entfernen. Schoten waschen, abtropfen lassen und halbieren.

4 Die Zuckerschotenhälften zum beiseite gestellten Erbsenpüree geben, unter Rühren zum Kochen bringen und etwa 10 Minuten unter Rühren kochen lassen.

5 Kalbs- oder Bratwurstbrät aus der Hülle herausdrücken und in eine Schüssel geben. Aus der Masse mit angefeuchteten Händen kleine Klößchen formen. Salzwasser in einem Topf zum Kochen bringen. Die Klößchen hineingeben und etwa 5 Minuten gar ziehen lassen, bis sie an der Oberfläche schwimmen.

6 Klößchen mit der Schaumkelle herausnehmen und in den Erbseneintopf geben. Crème fraîche und Pfefferbeeren unterrühren.

7 Schnittlauch abspülen, trockentupfen und in Röllchen schneiden. Den Erbseneintopf mit Schnittlauchröllchen bestreut servieren.

■ Beilage:
Weißbrotwürfel, in Knoblauchbutter geröstet.

■ Tipp:
Anstelle von roten Pfefferbeeren können auch klein geschnittene rote Paprikawürfel verwendet werden.

Rosenkohl-Hackfleisch-Topf

Zubereitungszeit: 40 Min.,
ohne Auftauzeit
Garzeit: etwa 10 Min.
Backzeit: etwa 25 Min.
je Form

Pro Portion:
E: 39 g, F: 39 g, Kh: 27 g,
kJ: 2568, kcal: 613

- 4 EL Speiseöl
- 1,2 kg Rindergehacktes
- 4 EL (etwa 100 g) Tomatenmark
- 2 Pck. Gemüsecremesuppe (für insgesamt 1 l Flüssigkeit)
- 1 kg TK-Rosenkohl
- 1 Pck. Kartoffelpüree (für ½ l Flüssigkeit)
- Salz
- frisch gemahlener Pfeffer
- 100 g Semmelbrösel
- 100 g Butter

- 150 g durchwachsener Speck
- 1 Topf Majoran

1 Speiseöl in einer großen Pfanne erhitzen. Gehacktes evtl. in 2 Portionen hinzufügen und unter ständigem Rühren darin anbraten, dabei die Fleischklümpchen mit einer Gabel zerdrücken. Tomatenmark unterrühren. Gemüsecremesuppe nach Packungsanleitung zubereiten und hinzufügen.

2 Aufgetauten Rosenkohl zur Hackfleischmasse geben und unter Rühren etwa 10 Minuten garen. Pürreepulver hinzufügen und unter Rühren aufkochen lassen. Mit Salz und Pfeffer würzen. Die Hackfleisch-Rosenkohl-Masse in zwei große flache Auflauf- oder Gratinformen geben. Mit Semmelbröseln bestreuen. Butterflöckchen darauf verteilen.

3 Die Formen nacheinander (bei Heißluft zusammen) auf dem Rost in den Backofen schieben.

Ober-/Unterhitze:
etwa 180 °C (vorgeheizt)
Heißluft: etwa 160 °C (vorgeheizt)
Gas: Stufe 2–3 (vorgeheizt)
Backzeit: etwa 25 Min. je Form.

4 Speck in kleine Würfel schneiden und in einer Pfanne knusprig ausbraten. Majoran abspülen und trockentupfen. Die Blättchen von den Stängeln zupfen. Blättchen fein hacken.

5 Die Speckwürfel vor dem Servieren auf dem Hackfleischtopf verteilen und mit Majoran servieren.

- **Tipp:**
Der Hackfleisch-Topf kann auch mit Gehacktem, halb Rind-, halb Schweinefleisch, zubereitet werden.

Maistopf

Foto
Zubereitungszeit: 65 Min.
Schmorzeit: etwa 80 Min.

Pro Portion:
E: 33 g, F: 15 g, Kh: 17 g,
kJ: 1411, kcal: 338

- **4 EL Speiseöl**
- **1,2 kg Gulaschfleisch (halb Rind-, halb Schweinefleisch)**
- **4 Zwiebeln**
- **je 2 rote und grüne Paprikaschoten**
- **Salz, Pfeffer**
- **Cayennepfeffer**
- **500 ml (½ l) Fleischbrühe**
- **2 Dosen (je etwa 360 g) Gemüsemais**
- **300 g TK-Erbsen**
- **2 EL gehackte Petersilie**

1 Jeweils die Hälfte des Speiseöls in einem großen Topf erhitzen. Das Fleisch evtl. in 2 Portionen von allen Seiten darin anbraten. Zwiebeln abziehen und in kleine Würfel schneiden.

2 Paprika halbieren, entstielen, entkernen, die weißen Scheidewände entfernen. Die Schoten waschen, trockentupfen und in feine Streifen schneiden. Zwiebelwürfel und Paprikastreifen zu dem angebratenen Fleisch geben, unterrühren und mitschmoren lassen. Mit Salz, Pfeffer und Cayennepfeffer bestreuen. Brühe hinzugießen. Die Zutaten zugedeckt etwa 1 Stunde gar schmoren lassen.

3 Mais in einem Sieb abtropfen lassen. Die gefrorenen Erbsen und den Mais kurz vor Beendigung der Garzeit zum Fleisch-Gemüse-Topf geben und etwa 20 Minuten mit erhitzen.

4 Den Maistopf mit Salz und Pfeffer abschmecken und mit Petersilie bestreut servieren.

Russischer Hackfleischtopf

Zubereitungszeit: 50 Min.
Garzeit: etwa 10 Min.

Pro Portion:
E: 53 g, F: 49 g, Kh: 10 g,
kJ: 2903, kcal: 693

- **8 große Zwiebeln**
- **100 ml Speiseöl**
- **2 kg Rindergehacktes**
- **6 Stangen Porree (Lauch)**
- **2 Pck. (je 400 g) Tomatenpüree**
- **1 l Fleischbrühe**
- **2 TL mittelscharfer Senf**
- **2 TL Paprikapulver edelsüß**
- **2 TL Salz**
- **frisch gemahlener Pfeffer**
- **1 Topf Basilikum**
- **2 Becher (je 150 g) saure Sahne**

1 Zwiebeln abziehen und in kleine Würfel schneiden. Speiseöl in einem Bräter erhitzen. Zwiebelwürfel darin glasig dünsten. Gehacktes hinzugeben, unter Rühren darin anbraten, dabei die Fleischklümpchen mit einer Gabel zerdrücken.

2 Porree putzen, die Stangen längs halbieren, waschen, ab-

(Fortsetzung Seite 32)

tropfen lassen und in Streifen schneiden. Porreestreifen, Tomatenpüree, Brühe und Senf zur Gehacktesmasse geben. Die Zutaten zum Kochen bringen und unter mehrmaligem Rühren bei schwacher Hitze etwa 10 Minuten garen. Mit Paprika, Salz und Pfeffer würzen.

3 Basilikum abspülen und trockentupfen. Die Blättchen von

den Stängeln zupfen. Einige Blättchen zum Garnieren beiseite legen. Restliche Blättchen fein hacken.

4 Den Hackfleischtopf mit Basilikum bestreuen und auf 8 tiefe Teller verteilen. Jeweils 1 Esslöffel Sahne darauf geben. Mit Basilikumblättchen garnieren und sofort servieren.

■ **Beilage:**
Nudeln oder Reis.

■ **Tipp:**
Hackfleischtopf eignet sich gut zum Einfrieren, dann die saure Sahne erst nach dem Auftauen und Erwärmen hinzugeben. Den Hackfleischtopf zusätzlich mit 2 in Streifen geschnittenen Gewürzgurken verfeinern.

Bologneser Reistopf

Zubereitungszeit: 65 Min.
Garzeit: etwa 30 Min.

Pro Portion:
E: 39 g, F: 33 g, Kh: 52 g,
kJ: 2789, kcal: 666

■ **5 EL Speiseöl**
■ **1,5 kg Gehacktes**
 (halb Rind-, halb
 Schweinefleisch)
■ **5 mittelgroße Zwiebeln**
■ **Salz**
■ **frisch gemahlener Pfeffer**
■ **Paprikapulver edelsüß**
■ **gerebelter Oregano**
■ **500 g Langkornreis**
■ **70 g Tomatenmark**
■ **1½ l Fleischbrühe**

■ **je 1 rote und gelbe**
 Paprikaschote
■ **300 g TK-Erbsen**

1 Speiseöl in einem Topf erhitzen. Gehacktes evtl. in 2 Portionen hinzufügen, unter ständigem Rühren darin anbraten, dabei die Fleischklümpchen mit einer Gabel zerdrücken.

2 Zwiebeln abziehen, in kleine Würfel schneiden, zu dem Gehackten geben und mit andünsten. Mit Salz, Pfeffer, Paprika und Oregano würzen.

3 Reis hinzufügen und kurz mit andünsten. Tomatenmark unterrühren. Brühe hinzugießen. Die Zutaten zum Kochen bringen und zugedeckt bei schwacher Hitze etwa 20 Minuten kochen lassen.

4 Paprika halbieren, entstielen, entkernen, die weißen Scheidewände entfernen. Die Schoten waschen, abtropfen lassen und in kleine Würfel schneiden.

5 Paprikawürfel und Erbsen in den Reistopf geben, zum Kochen bringen und etwa 10 Minuten mitgaren lassen. Mit Salz, Pfeffer und Paprika abschmecken, evtl. noch etwas Wasser hinzufügen.

Rindfleischtopf mit Rotwein

Zubereitungszeit: 65 Min.
Garzeit: etwa 1½ Std.

Pro Portion:
E: 35 g, F: 14 g, Kh: 14 g,
kJ: 1466, kcal: 350

- **1,4 kg Rindfleisch aus der Schulter (ohne Knochen)**
- **5 EL Speiseöl**
- **3 EL Tomatenmark**
- **1,5 l Fleischbrühe**
- **4 Möhren (etwa 400 g)**
- **2 Kohlrabi (etwa 400 g)**
- **½ Knollensellerie (300 g)**
- **500 g fest kochende Kartoffeln**
- **2 Gemüsezwiebeln (etwa 400 g)**
- **400 ml trockener Rotwein**
- **Salz**
- **frisch gemahlener Pfeffer**
- **gerebelter Thymian**
- **1 EL mittelscharfer Senf**

■ Beilage:
Bauernbrot oder ofenfrisches Baguette.

1 Rindfleisch unter fließendem kalten Wasser abspülen, trockentupfen und in kleine Würfel schneiden. Jeweils die Hälfte des Speiseöls in einem Bräter erhitzen. Fleischwürfel in 2 Portionen von allen Seiten gut darin anbraten. Tomatenmark unterrühren und kurz mit andünsten. Etwas von der Brühe hinzugießen, zum Kochen bringen, unter gelegentlichem Rühren etwas einkochen lassen.

2 Möhren, Kohlrabi und Sellerie putzen, schälen, waschen, abtropfen lassen und in große Würfel schneiden. Kartoffeln waschen, schälen, abspülen und ebenfalls in große Würfel schneiden. Zwiebeln abziehen und fein würfeln.

■ Abwandlung (Titelfoto):
Der Rindfleischtopf kann auch mit einer anderen Gemüsemischung zubereitet werden wie z. B. mit 3 Stangen Staudensellerie, 500 g Möhren, 500 g enthäuteten geviertelten Tomaten, 5 großen Zwiebeln und 1 Glas (200 g) schwarzen Oliven. Dann den Rotwein durch 1 l Gemüsebrühe und 250 ml (¼ l) Weißwein ersetzen. Zusätzlich mit je 1 Esslöffel Thymian-, Rosmarin- und Petersilienblättchen würzen.

3 Vorbereitete Gemüsewürfel zu den Fleischwürfeln geben und mit andünsten. Restliche Brühe und Rotwein hinzugießen. Mit Salz, Pfeffer, Thymian und Senf würzen. Die Zutaten zum Kochen bringen und zugedeckt bei schwacher Hitze etwa 1½ Stunden kochen lassen.

4 Den Rindfleischtopf mit den Gewürzen abschmecken und sofort servieren.

■ Tipp:
Den Fleischtopf können Sie auch mit Schweine- oder Lammschulter zubereiten. Noch würziger schmeckt er, wenn die Fleischstücke am Vortag in Rotwein eingelegt werden.

Rinderpörkölt in Biersauce

Zubereitungszeit: 55 Min.
Garzeit: etwa 70 Min.

Pro Portion:
E: 25 g, F: 11 g, Kh: 18 g,
kJ: 1152, kcal: 275

- **1 kg Rindfleisch aus der Schulter**
- **500 g frische Perlzwiebeln oder 1 Glas eingelegte Perlzwiebeln (Abtropfgewicht 300 g)**
- **500 g Staudensellerie**
- **5 Möhren (etwa 500 g)**
- **4 EL Speiseöl**
- **Salz**
- **frisch gemahlener Pfeffer**
- **2 EL Tomatenmark (etwa 50 g)**
- **500 ml (¹/₂ l) Gemüsebrühe**
- **500 ml (¹/₂ l) Malzbier (dunkles Bier)**
- **1 Bund Oregano**

1 Rindfleisch unter fließendem kalten Wasser abspülen, trockentupfen und in Würfel schneiden. Frische Perlzwiebeln abziehen. Eingelegte Perlzwiebeln in einem Sieb abtropfen lassen, dann etwa 1 Stunde in kaltes Wasser legen, um den Essiggeschmack zu mildern.

2 Sellerie putzen und die harten Außenfäden abziehen. Sellerie waschen, abtropfen lassen und in Würfel schneiden. Möhren putzen, schälen, waschen, abtropfen lassen und ebenfalls in Würfel schneiden.

3 Speiseöl in einem großen Bräter erhitzen, Fleischwürfel von allen Seiten kräftig darin anbraten. Mit Salz und Pfeffer bestreuen. Die Hälfte der Brühe hinzugießen, zum Kochen bringen und zugedeckt etwa 40 Minuten kochen lassen. Perlzwiebeln, Sellerie- und Möhrenwürfel hinzugeben. Tomatenmark unterrühren. Restliche Brühe und Malzbier hinzugießen, zum Kochen bringen und zugedeckt weitere etwa 30 Minuten garen, dabei gelegentlich umrühren.

4 Oregano abspülen und trockentupfen. Die Blättchen von den Stängeln zupfen. Oreganoblättchen unterrühren. Mit Salz und Pfeffer abschmecken.

- **Beilage:**
Kartoffelpüree mit gebratenen Zwiebelringen.

Maasdamer Rindertopf

Zubereitungszeit: 60 Min.,
ohne Abkühlzeit
Kochzeit: Fleisch etwa 2 Std.
Backzeit: etwa 30 Min.

Pro Portion:
E: 44 g, F: 37 g, Kh: 13 g,
kJ: 2404, kcal: 573

- 1,2 kg Rindfleisch aus der Hüfte
- 2 Bund Suppengrün (Porree, Möhren, Sellerie)
- 2 l Wasser
- 4 TL gekörnte Brühe
- 10 Pfefferkörner
- 3 Lorbeerblätter

- 3 mittelgroße Auberginen
- Salz
- 8 EL Speiseöl
- 1 kg Tomaten
- 400 g Maasdamer-Käse

- 50 g Butter
- 40 g Weizenmehl
- 500 ml (½ l) Fleischbrühe
- 200 ml Schlagsahne
- 125 ml (⅛ l) Weißwein
- ½ TL gerebeltes Basilikum
- ¼ TL gerebelter Thymian
- frisch gemahlener Pfeffer
- 30 g Semmelbrösel
- 50 g Butter

1 Rindfleisch unter fließendem kalten Wasser abspülen. Suppengrün putzen, evtl. schälen, waschen, abtropfen lassen und klein schneiden. Wasser in einem großen Topf zum Kochen bringen. Rindfleisch, Suppengrün, Brühe, Pfefferkörner und Lorbeerblätter hinzufügen. Die Zutaten zum Kochen bringen und etwa 2 Stunden kochen lassen. Rindfleisch in dem Sud erkalten lassen.

2 Auberginen waschen, die Stängelansätze abschneiden. Auberginen in dünne Scheiben schneiden, salzen und etwa 10 Minuten ziehen lassen. Auberginenscheiben mit Küchenpapier trockentupfen.

3 Speiseöl in einer großen Pfanne erhitzen. Auberginenscheiben portionsweise von beiden Seiten darin anbraten und herausnehmen. Auberginenscheiben kurz auf Küchenpapier legen und abtropfen lassen.

4 Nach Belieben Tomaten enthäuten, dafür Tomaten kurze Zeit in kochendes Wasser legen, in kaltem Wasser abschrecken, enthäuten. Die Stängelansätze herausschneiden. Tomaten in Scheiben schneiden.

5 Käse in Scheiben schneiden. Rindfleisch aus dem Sud nehmen und ebenfalls in Scheiben schneiden. Sud durch ein Sieb gießen und 500 ml (½ l) davon abmessen.

6 Butter in einem Topf zerlassen. Mehl unter Rühren so lange darin erhitzen, bis es hellgelb ist. Fleischbrühe, Sahne und Wein hinzugießen, mit einem Schneebesen durchschlagen, darauf achten, dass keine Klümpchen entstehen. Die Sauce unter Rühren zum Kochen bringen. Basilikum und Thymian unterrühren. Mit Salz und Pfeffer abschmecken.

7 Auberginen-, Tomaten-, Käse- und Fleischscheiben in eine große flache Auflaufform oder Fettfangschale geben. Auberginen- und Tomatenscheiben mit Salz und Pfeffer bestreuen. Sauce darüber gießen. Mit Semmelbröseln bestreuen. Butter in Flöckchen darauf setzen. Die Form auf dem Rost oder die Fettfangschale in den Backofen schieben.

Ober-/Unterhitze:
etwa 200 °C (vorgeheizt)
Heißluft: etwa 180 °C (vorgeheizt)
Gas: Stufe 3–4 (vorgeheizt)
Backzeit: etwa 30 Min.

Kalbsgeschnetzeltes mit Oliven

Zubereitungszeit: 65 Min.
Garzeit: etwa 35 Min.

Pro Portion:
E: 25 g, F: 18 g, Kh: 14 g,
kJ: 1395, kcal: 333

- **200 g kleine Schalotten oder Perlzwiebeln**
- **800 g fest kochende Kartoffeln**
- **1 Glas Oliven ohne Stein (Abtropfgewicht 170 g)**
- **4 EL Olivenöl**
- **1 kg Kalbsgeschnetzeltes aus der Schulter**
- **2 EL Tomatenmark (50 g)**
- **400 ml Gemüsebrühe**
- **200 ml trockener Rosé-Wein**
- **Salz**
- **frisch gemahlener Pfeffer**
- **1 Bund Kerbel**
- **200 ml Schlagsahne**

1 Schalotten oder Perlzwiebeln abziehen. Kartoffeln waschen, schälen, abspülen und in gleich große Würfel schneiden. Oliven in einem Sieb abtropfen lassen.

2 Olivenöl in einem Bräter erhitzen. Geschnetzeltes evtl. in 2 Portionen kräftig darin anbraten. Schalotten oder Perlzwiebeln hinzugeben und kurz mit anbraten. Tomatenmark unterrühren. Die Hälfte der Brühe hinzugießen, zum Kochen bringen und unter Rühren etwas einkochen lassen.

3 Oliven und Kartoffelwürfel hinzufügen, kurz mit andünsten. Restliche Brühe und Wein hinzugießen. Mit Salz und Pfeffer würzen. Die Zutaten zum Kochen bringen und bei schwacher Hitze unter gelegentlichem Rühren etwa 20 Minuten garen.

4 Kerbel abspülen und trockentupfen. Die Blättchen von den Stängeln zupfen. Die Hälfte der Blättchen klein schneiden. Sahne und die klein geschnittenen Kerbelblättchen zum Geschnetzelten geben, zum Kochen bringen und weitere 15 Minuten garen.

5 Kalbsgeschnetzeltes mit den restlichen Kerbelblättchen garniert servieren.

- **Beilage:**
Brot und ein gemischter Salat.

- **Tipp:**
Anstelle von Kalbfleisch kann auch Schweine- oder Putenfleisch verwendet werden.

Rindfleischtopf nach Saverbraten-Art mit Klössen

Zubereitungszeit: 50 Min.,
ohne Marinierzeit
Garzeit: etwa 90 Min.

Pro Portion:
E: 32 g, F: 11 g, Kh: 60 g,
kJ: 2061, kcal: 490

- **1.2 kg Rindfleisch aus der Keule, ohne Knochen**

  Für die Marinade:
- **1 Bund Suppengrün (etwa 500 g Möhren, Porree [Lauch], Knollensellerie, Zwiebeln)**
- **200 ml trockener Rotwein, z. B. Burgunder**
- **200 ml Fleischbrühe**
- **5 EL Rotweinessig**
- **2 Nelken**
- **4 Wacholderbeeren**
- **1 TL Pfefferkörner**
- **500 g Dörrobst (Pflaumen, Äpfel, Aprikosen, Rosinen)**
- **4 EL Speiseöl**
- **2 EL Tomatenmark (etwa 50 g)**
- **Salz**
- **frisch gemahlener Pfeffer**
- **1 Pck. Kartoffelklöße, halb und halb (Fertigprodukt)**

1 Rindfleisch unter fließendem kalten Wasser abspülen, trockentupfen und in gleich große Würfel schneiden. Rindfleischwürfel in eine große flache Schale legen.

2 Für die Marinade Suppengrün putzen, schälen, waschen, abtropfen lassen und in kleine Würfel schneiden.

3 Rotwein mit Brühe und Essig in einem Topf verrühren. Nelken, Wacholderbeeren und Pfefferkörner mit einem Mörser fein zerstoßen und hinzugeben. Gemüsewürfel ebenfalls in die Marinade geben. Die Zutaten unter Rühren aufkochen und anschließend erkalten lassen. Rindfleischwürfel mit der Marinade übergießen und zugedeckt über Nacht kalt stellen.

4 Dörrobst in lauwarmem Wasser einweichen. Rindfleischwürfel aus dem Sud nehmen und etwas abtropfen lassen, evtl. trockentupfen.

5 Speiseöl in einem Bräter erhitzen. Rindfleischwürfel von allen Seiten kräftig darin anbraten. Tomatenmark hinzufügen. Die Marinade mit den Gemüsewürfeln hinzugießen. Die Zutaten zum Kochen bringen und zugedeckt etwa 90 Minuten garen. Ab und zu umrühren.

6 Nach etwa 45 Minuten Garzeit das Dörrobst ohne Einweichwasser in den Rindfleischtopf geben und fertig garen. Mit Salz und Pfeffer abschmecken.

7 Kartoffelklöße nach Packungsanleitung zubereiten, kleine Klöße daraus formen und in siedendem Wasser garen. Wenn die Klöße an der Oberfläche schwimmen, mit einer Schaumkelle herausnehmen und in den garen Rindfleischtopf geben.

Ragout von der Lammkeule

Zubereitungszeit: 65 Min.
Garzeit: etwa 75 Min.

Pro Portion:
E: 44 g, F: 12 g, Kh: 41 g,
kJ: 1889, kcal: 451

- ■ **1,2 kg Lammfleisch aus der Keule, ohne Knochen**
- ■ **2 Bund Frühlingszwiebeln**
- ■ **je 2 rote, gelbe und grüne Paprikaschoten**
- ■ **200 g Cocktailtomaten**
- ■ **600 g fest kochende Kartoffeln**
- ■ **4 EL Speiseöl**
- ■ **Salz**
- ■ **frisch gemahlener Pfeffer**
- ■ **gerebelter Oregano**
- ■ **2 Knoblauchzehen**
- ■ **2 EL Tomatenmark (etwa 50 g)**
- ■ **800 ml Fleischbrühe**
- ■ **500 g gelbe Linsen**

- ■ **1 Bund glatte Petersilie**

1 Lammfleisch unter fließendem kalten Wasser abspülen, trockentupfen und in gleich große Würfel schneiden.

2 Frühlingszwiebeln putzen, waschen, abtropfen lassen und in etwa 2 cm große Stücke schneiden. Paprika halbieren, entstielen, entkernen, die weißen Scheidewände entfernen. Die Schoten waschen, trockentupfen und in Würfel schneiden. Tomaten waschen, abtrocknen und evtl. die Stängelansätze herausschneiden. Tomaten nach Belieben enthäuten.

3 Kartoffeln waschen, schälen, abspülen und in Würfel schneiden.

4 Speiseöl in einem Bräter erhitzen. Fleischwürfel von allen Seiten kräftig darin anbraten. Mit Salz, Pfeffer und Oregano bestreuen. Knoblauch abziehen, durch eine Knoblauchpresse drücken, zusammen mit dem Tomatenmark unterrühren. Die Hälfte der Brühe hinzugießen und einkochen lassen. Zwiebelstücke, Paprika- und Kartoffelwürfel hinzufügen, unter Rühren kurz mit andünsten.

5 Linsen in den Fleischtopf geben, restliche Brühe hinzugießen. Mit Salz, Pfeffer und Oregano würzen. Die Zutaten zum Kochen bringen und zugedeckt unter gelegentlichem Rühren etwa 75 Minuten garen. Tomaten unterrühren. Mit Salz, Pfeffer und Oregano abschmecken.

6 Petersilie abspülen und trockentupfen. Die Blättchen von den Stängeln zupfen. Blättchen fein hacken. Das Ragout mit Petersilie bestreut servieren.

■ **Tipp:**

Statt gelber Linsen rote Linsen verwenden. Die roten Linsen jedoch erst nach 60 Minuten Garzeit in den Fleischtopf geben, dann zerfallen sie nicht so sehr.

■ **Beilage:**

Tomatensalat.

Lamm-Gemüse-Eintopf

Zubereitungszeit: 60 Min.
Garzeit: etwa 2 Std.

Pro Portion:
E: 36 g, F: 12 g, Kh: 19 g,
kJ: 1436, kcal: 342

- **1,4 kg Lammfleisch aus der Keule, ohne Knochen**
- **1 kg Kartoffeln**
- **je 1 rote, grüne und gelbe Paprikaschote**
- **600 g kleine Zucchini**
- **500 g Tomaten**
- **3 mittelgroße Zwiebeln**
- **4–5 Knoblauchzehen**
- **4 EL Speiseöl**
- **2 Lorbeerblätter**
- **1 EL gehackter Rosmarin**
- **Salz**
- **frisch gemahlener Pfeffer**
- **125 ml (1/8 l) Fleischbrühe**
- **125 ml (1/8 l) trockener Weißwein**

1 Lammfleisch unter fließendem kalten Wasser abspülen, trockentupfen und in Würfel schneiden.

2 Kartoffeln waschen, schälen, abspülen, abtropfen lassen und in Scheiben schneiden. Paprika halbieren, entstielen, entkernen, die weißen Scheidewände entfernen. Die Schoten waschen, trockentupfen und in Stücke schneiden. Zucchini waschen, abtrocknen und die Enden abschneiden. Zucchini in Scheiben schneiden.

3 Tomaten waschen, kreuzweise einschneiden und einige Sekunden in kochendes Wasser legen. Tomaten kurz in kaltes Wasser legen, enthäuten, halbieren, entkernen, Stängelansätze herausschneiden. Tomaten ebenfalls in Scheiben schneiden. Zwiebeln und Knoblauch abziehen, in kleine Würfel schneiden.

4 Speiseöl in einem großen Topf oder Bräter erhitzen, Fleischwürfel von allen Seiten darin anbraten. Lorbeerblätter und Rosmarin hinzufügen. Mit Salz und Pfeffer bestreuen. Nacheinander Kartoffelscheiben, Paprikastücke, Zucchini-, Tomatenscheiben, Zwiebel- und Knoblauchwürfel einschichten. Jede Gemüseschicht mit Salz und Pfeffer bestreuen. Brühe und Wein hinzugießen. Den Topf oder den Bräter zugedeckt auf dem Rost in den Backofen schieben.

Ober-/Unterhitze:
etwa 180 °C (vorgeheizt)
Heißluft: etwa 160 °C
(nicht vorgeheizt)
Gas: Stufe 2–3 (nicht vorgeheizt)
Garzeit: etwa 2 Std.

Lammtopf mit Aprikosen

Zubereitungszeit: 40 Min.,
ohne Einweichzeit
Garzeit: etwa 1 Std.

Pro Portion:
E: 39 g, F: 21 g, Kh: 38 g,
kJ: 2107, kcal: 503

- **400 g Kichererbsen**
- **1 l Wasser**

- **1,2 kg Lammfleisch aus der Keule, ohne Knochen**
- **Salz**
- **frisch gemahlener Pfeffer**
- **Cumin (Kreuzkümmel)**
- **2 TL gemahlener Ingwer**
- **2 Döschen (je 0,2 g) Safranpulver**
- **6 EL Olivenöl**
- **5 mittelgroße Zwiebeln**
- **500 ml (½ l) Gemüsebrühe**
- **1 große Dose Aprikosenhälften (Abtropfgewicht 480 g)**
- **1 Bund glatte Petersilie**
- **100 g abgezogene, ganze Mandeln**

1 Kichererbsen in eine Schüssel geben, mit Wasser übergießen und über Nacht einweichen.

2 Lammfleisch unter fließendem kalten Wasser abspülen und trockentupfen. Lammfleisch in Würfel schneiden, mit Salz, Pfeffer, Kreuzkümmel, Ingwer und Safran bestreuen.

3 Jeweils die Hälfte des Olivenöls in einem großen Topf oder Bräter erhitzen. Fleischwürfel in 2 Portionen von allen Seiten darin anbraten.

4 Zwiebeln abziehen, in Scheiben schneiden, zu den Fleischwürfeln geben und kurz mit andünsten. Kichererbsen mit dem Einweichwasser und Brühe hinzugeben. Die Zutaten zum Kochen bringen und zugedeckt bei mittlerer Hitze etwa 1 Stunde garen. Aprikosenhälften mit dem Saft hinzufügen.

5 Petersilie abspülen und trockentupfen. Die Blättchen von den Stängeln zupfen.

6 Mandeln und Petersilienblättchen zum Lammtopf geben und mit erhitzen. Mit den Gewürzen abschmecken.

- **Beilage:**
Röstkartoffeln, Fladenbrot oder Ciabatta-Brot.

Lammtopf mit Chinakohl

Zubereitungszeit: 40 Min.
Garzeit: etwa 75 Min.

Pro Portion:
E: 28 g, F: 14 g, Kh: 10 g,
kJ: 1188, kcal: 284

- **1,2 kg Lammfleisch aus der Schulter, ohne Knochen**
- **4 EL Speiseöl**
- **2 EL Tomatenmark**
- **5 kleine Zwiebeln (etwa 250 g)**
- **1 Würfel Bratenfond (Fertigprodukt)**
- **250 ml (¼ l) Wasser**
- **500 g fest kochende Kartoffeln**
- **1 Chinakohl (etwa 500 g)**
- **3 Knoblauchzehen**
- **Salz**
- **frisch gemahlener Pfeffer**

1 Lammfleisch unter fließendem kalten Wasser abspülen, trockentupfen und in Würfel schneiden.

2 Speiseöl in einem Bräter erhitzen. Fleischwürfel von allen Seiten darin anbraten. Tomatenmark unterrühren, etwas Wasser hinzugießen, zum Kochen bringen und einkochen lassen. Zwiebeln abziehen, vierteln, hinzugeben und unter Rühren etwa 5 Minuten darin anbraten.

3 Bratenfond mit Wasser hinzufügen, zum Kochen bringen und etwa 40 Minuten unter gelegentlichem Rühren garen.

4 Kartoffeln waschen, schälen, abspülen, in Würfel schneiden und zum Lammtopf geben.

5 Chinakohl putzen, vierteln und den Strunk herausschneiden. Chinakohl waschen, abtropfen lassen, in Stücke schneiden und ebenfalls in den Lammtopf geben. Die Zutaten zum Kochen bringen und zugedeckt weitere etwa 30 Minuten garen.

6 Knoblauch abziehen, klein schneiden und unterrühren. Den Lammtopf mit Salz und Pfeffer abschmecken.

- **Tipp:**

Statt Chinakohl kann auch Pak-Choi oder Mangold verwendet werden.

Griechische Lammsteaks

Zubereitungszeit: 60 Min.
Garzeit: etwa 45 Min.

Pro Portion:
E: 33 g, F: 25 g, Kh: 14 g,
kJ: 1731, kcal: 413

- **8 Lammsteaks (aus der Hüfte, je etwa 150 g)**
- **Salz**
- **frisch gemahlener Pfeffer**
- **gerebelter Oregano**
- **4 EL Olivenöl**
- **4 Knoblauchzehen**
- **1 Zwiebel**
- **300 g TK-Blattspinat (aufgetaut)**
- **frisch geriebene Muskatnuss**
- **200 g Schafkäse**
- **je 2 mittelgroße gelbe und grüne Zucchini**
- **600 g gegarte Pellkartoffeln**
- **1 rote Paprikaschote**
- **1 kleine Dose (400 g) stückige Tomaten**

1 Lammsteaks unter fließendem kalten Wasser abspülen und trockentupfen. Lammsteaks waagerecht halbieren. Mit Salz, Pfeffer und Oregano würzen. Jeweils die Hälfte des Olivenöls in einer großen Pfanne erhitzen. Die Lammsteaks in 2 Portionen von beiden Seiten darin anbraten, herausnehmen und in eine große flache Auflaufform legen. Knoblauch abziehen, durch eine Knoblauchpresse drücken und auf den Lammsteaks verteilen.

2 Zwiebel abziehen und in kleine Würfel schneiden. Blattspinat mit den Zwiebelwürfeln in einem kleinen Topf kurz andünsten. Mit Salz, Pfeffer und Muskat würzen. Spinat auf den Lammsteaks verteilen. Schafkäse in Scheiben schneiden und auf den Spinat legen.

3 Zucchini waschen, abtrocknen und die Enden abschneiden. Zucchini in Scheiben schneiden und die Zwischenräume damit auslegen. Kartoffeln, evtl. pellen, längs halbieren und in Achtel schneiden.

4 Paprika halbieren, entstielen, entkernen, die weißen Scheidewände entfernen. Die Schote waschen, trockentupfen und in Stücke schneiden. Kartoffelachtel und Paprikastücke ebenfalls in die Zwischenräume zwischen den Lammsteaks legen. Mit Salz, Pfeffer und Oregano würzen. Zuletzt Tomatenstücke darauf geben.

5 Die Form auf dem Rost in den Backofen schieben.

Ober-/Unterhitze:
etwa 200 °C (vorgeheizt)
Heißluft: etwa 180 °C
(nicht vorgeheizt)
Gas: Stufe 3–4 (nicht vorgeheizt)
Garzeit: etwa 45 Min.

- **Beilage:**
Fladenbrot.

Feiner Hähnchenfleischtopf

Zubereitungszeit: 45 Min.
Garzeit: etwa 40 Min.

Pro Portion:
E: 32 g, F: 9 g, Kh: 15 g,
kJ: 1215, kcal: 291

- **750 g Hähnchenbrustfilets**
- **4 Hähnchenkeulen (etwa 500 g, ohne Haut und Knochen)**
- **500 g fest kochende Kartoffeln**
- **1 Kohlrabi (etwa 400 g)**
- **4 dicke Möhren (etwa 400 g)**
- **2 Bund Frühlingszwiebeln (etwa 500 g)**
- **500 g grüner Spargel**
- **4 EL Speiseöl**
- **Salz**
- **frisch gemahlener Pfeffer**
- **etwa 50 g Tomatenmark**
- **500 ml (½ l) Hühnerbrühe**
- **200 ml trockener Weißwein, z. B. Riesling**
- **1 Bund Kerbel**

1 Hähnchenbrustfilets und Hähnchenkeulen unter fließendem kalten Wasser abspülen und trockentupfen. Filets in Stücke schneiden. Das Fleisch von den Knochen lösen und ebenfalls in Stücke schneiden.

2 Kartoffeln waschen, schälen, abspülen. Kohlrabi schälen, abspülen. Möhren putzen, schälen, waschen. Frühlingszwiebeln putzen, waschen, abtropfen lassen und in etwa 3 cm lange Stücke schneiden. Kartoffeln, Kohlrabi und Möhren abtropfen lassen, zuerst in Scheiben, dann in Stifte schneiden.

3 Vom Spargel das untere Drittel schälen und die Enden abschneiden. Spargel waschen, abtropfen lassen und in etwa 3 cm lange Stücke schneiden.

4 Speiseöl in einem Bräter erhitzen. Hähnchenfleischstücke von allen Seiten darin anbraten. Mit Salz und Pfeffer bestreuen. Kohlrabi-, Möhren- und Kartoffelstifte hinzugeben und mit andünsten. Tomatenmark unterrühren. Die Hälfte der Brühe hinzugießen. Die Zutaten zum Kochen bringen und etwa 20 Minuten einkochen lassen.

5 Restliche Brühe und Wein hinzugießen, zum Kochen bringen und zugedeckt bei schwacher Hitze noch etwa 10 Minuten garen. Kerbel abspülen und trockentupfen. Die Blättchen von den Stängeln zupfen.

6 Spargel- und Frühlingszwiebelstücke zum Hähnchenfleischtopf geben. Mit Salz und Pfeffer würzen. Einige Kerbelblättchen unterrühren, wieder zum Kochen bringen und weitere etwa 10 Minuten garen.

7 Den Hähnchenfleischtopf mit Salz und Pfeffer abschmecken und mit den restlichen Kerbelblättchen bestreut servieren.

- **Beilage:**
Weißbrot mit Kräuterbutter.

Porree-Geflügel-Eintopf mit Käseklösschen

Zubereitungszeit: 75 Min., ohne Abkühlzeit
Garzeit: etwa 100 Min.

Pro Portion:
E: 45 g, F: 24 g, Kh: 23 g, kJ: 2047, kcal: 488

Für die Suppe:
- **2 kleine Poularden (je etwa 1 kg)**
- **Instant-Gemüsebrühe**
- **1,5 kg Porree (Lauch)**
- **600 g Möhren**
- **2 vorbereitete Rosmarinzweige oder 1 TL Rosmarinnadeln**
- **2–3 Zweige vorbereiteter Thymian**
- **Salz**
- **frisch gemahlener Pfeffer**

Für die Klößchen:
- **250 ml (¼ l) Milch**
- **250 ml (¼ l) Gemüsebrühe**
- **150 g Tomatenmark**
- **1 gestr. TL Salz**
- **200 g Hartweizengrieß**
- **50 g Butter**
- **3 Eier (Größe M)**
- **150 g geriebener alter Gouda-Käse**

1 Für die Suppe Poularden unter fließendem kalten Wasser abspülen und trockentupfen. Wasser in einem großen Topf zum Kochen bringen. Poularden und Instant-Brühe hinzugeben, zum Kochen bringen und zugedeckt bei schwacher Hitze etwa 80 Minuten kochen.

2 Porree putzen, die Stangen längs halbieren. Porree waschen, abtropfen lassen und in schräge Scheiben schneiden. Möhren putzen, schälen, waschen, abtropfen lassen und ebenfalls in schräge Scheiben schneiden.

3 Die garen Poularden aus der Brühe nehmen und etwas abkühlen lassen. Das Fleisch von den Knochen lösen, die Haut entfernen. Das Fleisch in kleine Stücke schneiden. Porree- und Möhrenscheiben in der verbliebenen Brühe mit Rosmarinzweigen oder -nadeln und Thymianzweigen zugedeckt 15–20 Minuten garen. Brühe mit Salz, Pfeffer und Instant-Brühe abschmecken.

4 Für die Klößchen Milch, Brühe, Tomatenmark und Salz in einem Topf zum Kochen bringen, Topf von der Kochstelle nehmen. Grieß unter Rühren mit einem Kochlöffel hineinstreuen, zu einem glatten Kloß rühren und noch etwa 1 Minute auf der Kochstelle erhitzen. Den heißen Kloß in eine Schüssel geben, Butter, Eier und Käse sofort unterrühren.

5 Aus der Masse mit Hilfe von 2 in heißes Wasser getauchten Teelöffeln kleine Klößchen formen, portionsweise in kochendes Salzwasser geben, zum Kochen bringen und etwa 5 Minuten darin gar ziehen lassen, bis sie an der Wasseroberfläche schwimmen. Klößchen mit einer Schaumkelle herausnehmen und in den Eintopf geben. Hühnerfleischstückchen ebenfalls hineingeben und mit erhitzen. Eintopf mit Salz und Pfeffer abschmecken.

Geflügel-Reis-Bällchen

Zubereitungszeit: 65 Min.
Garzeit: etwa 40 Min.

Pro Portion:
E: 26 g, F: 28 g, Kh: 38 g,
kJ: 2135, kcal: 510

- 400 g Langkornreis
- Salzwasser

- 500 g Kalbswurstbrät, ersatzweise normale Bratwurst (jeweils ungebrüht)
- 2 Hähnchenbrustfilets (500 g), vom Metzger durch den Fleischwolf drehen lassen oder sehr klein schneiden
- 1 Ei
- Salz
- frisch gemahlener Pfeffer
- 1 kleiner Kopf Romanesco (etwa 500 g) oder 1 Kopf Brokkoli (etwa 500 g)
- 1 kleiner Blumenkohl (etwa 500 g)
- Salzwasser
- 2 dicke Möhren (etwa 200 g)
- 1 Bund glatte Petersilie
- 4 EL Speiseöl

- 400 ml Fleischbrühe
- 1 Becher (200 ml) Schlagsahne

1 Reis in kochendes Salzwasser geben, zugedeckt zum Kochen bringen und nach Packungsanleitung etwa 15 Minuten ausquellen lassen. Den garen Reis in ein Sieb geben, mit kaltem Wasser übergießen und abtropfen lassen.

2 Wurstbrät, Geflügelhackfleisch, den garen Reis und das Ei in einer Schüssel gut vermengen. Mit Salz und Pfeffer würzen. Aus der Masse mit angefeuchteten Händen kleine Bällchen formen.

3 Von dem Romanesco oder Brokkoli und Blumenkohl die Blätter und Strunk entfernen. Romanesco oder Brokkoli und Blumenkohl waschen, abtropfen lassen, in kleine Röschen teilen und in kochendem Salzwasser 5–7 Minuten garen. Anschließend in ein Sieb geben, mit kaltem Wasser übergießen und abtropfen lassen. Möhren putzen, schälen, waschen, abtropfen lassen und in Scheiben schneiden. Möhrenscheiben ebenfalls in kochendem Salzwasser etwa 8 Minuten blanchieren, in ein Sieb geben, mit kaltem Wasser übergießen und abtropfen lassen.

4 Petersilie abspülen und trockentupfen. Die Blättchen von den Stängeln zupfen. Blättchen fein hacken.

5 Speiseöl in einem Bräter erhitzen. Fleisch-Reis-Bällchen in 2 Portionen rundherum gut darin anbraten. Romanesco-oder Brokkoli- und Blumenkohlröschen sowie Möhrenscheiben hinzugeben. Brühe und Sahne hinzugießen. Die Zutaten zum Kochen bringen und zugedeckt bei schwacher Hitze etwa 10 Minuten garen. Petersilie unterrühren. Mit Salz und Pfeffer abschmecken.

- **Tipp:**

Wer lieber eine gebundene Sauce mag, kann diese mit Kartoffelpüreepulver andicken.

Spanischer Hühnertopf

Zubereitungszeit: 60 Min.
Garzeit: etwa 50 Min.

Pro Portion:
E: 49 g, F: 27 g, Kh: 40 g,
kJ: 2519, kcal: 602

- **2 küchenfertige Hähnchen (je etwa 1,2 kg)**
- **Salz**
- **frisch gemahlener Pfeffer**
- **6 EL Olivenöl**
- **4 mittelgroße rote Paprikaschoten**
- **300 g Langkornreis**
- **2 Pck. (je 300 g) TK-Erbsen**
- **4 EL Tomatenmark**
- **1 großes Glas Champignonscheiben (580 g mit Flüssigkeit)**
- **2½ l Fleischbrühe**
- **getrockneter Rosmarin**
- **1 Pck. TK-Basilikum**

1 Hähnchen unter fließendem kalten Wasser abspülen, trockentupfen und in je etwa 8 Stücke teilen. Hähnchenteile mit Salz und Pfeffer bestreuen.

2 Olivenöl in einem großen Bräter erhitzen. Die Hähnchenteile von allen Seiten gut darin anbraten und herausnehmen.

3 Paprika halbieren, entstielen, entkernen, die weißen Scheidewände entfernen. Die Schoten waschen und in Streifen schneiden. Paprikastreifen in den Bräter geben und in dem verbliebenen Bratfett andünsten.

4 Reis und die gefrorenen Erbsen hinzufügen, Tomatenmark unterrühren. Die Hähnchenteile darauf legen, Champignonscheiben mit der Flüssigkeit darauf verteilen. Fleischbrühe hinzugießen, mit Salz, Pfeffer und Rosmarin würzen.

5 Den Hühnertopf zum Kochen bringen und zugedeckt bei mittlerer Hitze etwa 50 Minuten garen, dabei ab und zu umrühren. Basilikum unterrühren. Mit Salz, Pfeffer und Rosmarin abschmecken.

- **Abwandlung:**
Noch pikanter schmeckt der Hühnertopf, wenn Sie die Hähnchenteile in eine Marinade legen und über Nacht kalt stellen. Dann für die Marinade 10 Esslöffel Chilisauce mit 4 durchgepressten Knoblauchzehen, 2 Esslöffeln flüssigem Honig, 4 Esslöffeln Speiseöl und 1 Esslöffel Balsamicoessig verrühren.

Geflügelgulasch „Ungarische Art"

Zubereitungszeit: 60 Min.
Garzeit: etwa 45 Min.

Pro Portion:
E: 30 g, F: 14 g, Kh: 48 g,
kJ: 1853, kcal: 443

- **4 Hähnchenbrustfilets (je etwa 120 g)**
- **4 Hähnchenkeulen ohne Haut (je etwa 120 g), vom Metzger in Unter- und Oberschenkel teilen lassen**
- **1 Gemüsezwiebel (etwa 300 g)**
- **je 2 rote, grüne und gelbe Paprikaschoten (etwa 1 1/2 kg)**
- **4 EL Speiseöl**
- **2 EL Tomatenmark (50 g)**
- **1 EL Paprikapulver edelsüß**
- **500 ml (1/2 l) Gemüsebrühe**
- **Salz**
- **frisch gemahlener Pfeffer**
- **Knoblauchpulver**
- **1 TL Kümmelsamen**
- **1 Pck. Finesse Geriebene Zitronenschale**
- **1 Becher (200 g) Sauerrahm**

Für die Nudeln:
- **5 l Wasser**
- **5 gestr. TL Salz**
- **500 g Bandnudeln**

1 Hähnchenbrustfilets und halbierte Keulen unter fließendem kalten Wasser abspülen und trockentupfen. Hähnchenbrustfilets jeweils in drei Teile schneiden.

2 Zwiebel abziehen und in größere Würfel schneiden. Paprika halbieren, entstielen, entkernen, die weißen Scheidewände entfernen. Die Schoten waschen, trockentupfen und ebenfalls in größere Würfel schneiden.

3 Speiseöl in einem Bräter erhitzen. Hähnchenfleisch portionsweise hinzugeben und von allen Seiten knusprig anbraten. Zwiebel-und Paprikawürfel hinzufügen und mit anbraten. Tomatenmark unterrühren. Mit Paprika bestäuben. Brühe hinzugießen, zum Kochen bringen und etwas einkochen lassen. Mit Salz, Pfeffer, Knoblauch, Kümmel und Zitronenschale würzen, dann

zugedeckt bei schwacher Hitze etwa 45 Minuten kochen lassen, evtl. noch etwas Brühe oder Wasser hinzufügen. Zuletzt Sauerrahm unterrühren.

4 Für die Nudeln Wasser in einem großen Topf mit geschlossenem Deckel zum Kochen bringen. Dann Salz und Nudeln zugeben. Die Nudeln im geöffneten Topf bei mittlerer Hitze nach Packungsanleitung kochen lassen, dabei zwischendurch 4–5-mal umrühren.

5 Anschließend die Nudeln in ein Sieb geben, mit heißem Wasser abspülen und abtropfen lassen.

6 Geflügelgulasch „Ungarische Art" mit den Bandnudeln servieren.

- **Tipp:**

Alternativ zu den Nudeln kleine Kartoffelwürfel von fest kochender Beschaffenheit nach dem Anbraten hinzugeben. Vor dem Servieren mit Petersilienblättchen garnieren.

Hähnchentopf indisch

Zubereitungszeit: 60 Min.
Garzeit: etwa 40 Min.

Pro Portion:
E: 45 g, F: 34 g, Kh: 30 g,
kJ: 2570, kcal: 615

- **2 mittelgroße Dosen Ananasstücke (Abtropfgewicht je 350 g)**
- **2 kg Hähnchenfleisch (Brust und Keule ohne Haut)**
- **5 EL Speiseöl**
- **50 g Currypulver**
- **Salz**
- **frisch gemahlener Pfeffer**
- **gemahlener Kümmel**
- **gemahlener Koriander**
- **2 l Geflügelbrühe**
- **2 Chilischoten**
- **750 g rote Linsen**
- **30 g Speisestärke**
- **3 EL kaltes Wasser**
- **1 Topf Koriander**
- **Chilischoten**

1 Ananasstücke in einem Sieb abtropfen lassen, den Saft dabei auffangen.

2 Hähnchenfleisch unter fließendem kalten Wasser abspülen und trockentupfen. Hähnchenfleisch mit einer Geflügelschere in je etwa 3 Teile teilen.

3 Jeweils die Hälfte des Speiseöls in einem Bräter erhitzen. Geflügelteile in 2 Portionen von allen Seiten gut darin anbraten. Mit Curry, Salz, Pfeffer, Kümmel und Koriander bestreuen und kurz mit andünsten.

4 Die Hälfte der Brühe und den aufgefangenen Ananassaft hinzugießen, zum Kochen bringen. Fleischtopf zugedeckt bei schwacher Hitze etwa 25 Minuten kochen lassen.

5 Chilischoten abspülen, trockentupfen, halbieren, entkernen und in Ringe schneiden. Linsen, Ananasstücke, Chilischotenringe und restliche Brühe hinzugeben, zum Kochen bringen und zugedeckt weitere etwa 15 Minuten kochen lassen.

6 Speisestärke mit Wasser anrühren, unter Rühren in den Fleischtopf geben und aufkochen lassen.

7 Koriander abspülen und trockentupfen. Die Blättchen von den Stängeln zupfen und unterrühren. Den Hähnchentopf nochmals mit den Gewürzen abschmecken. Mit Korianderblättchen und Chilischoten garniert servieren.

- **Beilage:**
Bandnudeln oder eine Reis-Wildreis-Mischung.

- **Tipp:**
Noch fruchtiger wird der Hähnchentopf, wenn Sie statt Ananas aus der Dose eine frische Ananas (geschält und gewürfelt) verwenden und etwas Mango-Chutney unterrühren.

Italienischer Puten-Gemüse-Topf

Zubereitungszeit: 70 Min.
Garzeit: etwa 60 Min.

Pro Portion:
E: 30 g, F: 9 g, Kh: 14 g,
kJ: 1101, kcal: 263

- **1 kg Putenfleisch, aus Keule und Brust, ohne Haut und Knochen**
- **2 Bund Suppengrün (Möhren, Porree [Lauch], Sellerie, 800 g–1 kg)**
- **1 Brokkoli (etwa 400 g)**
- **2 Dosen italienische, große weiße Bohnen (Abtropfgewicht je 450 g)**
- **4 EL Olivenöl**
- **Salz**
- **frisch gemahlener Pfeffer**
- **etwas Knoblauchpulver**
- **1 l Gemüsebrühe**
- **1 Pck. Tomatenstücke mit Fond (250 g, Tetra Pak)**
- **1 Pck. TK-Kräuter der Provence**
- **1 Topf Basilikum**

1 Putenfleisch unter fließendem kalten Wasser abspülen, trockentupfen und in gleich große Würfel schneiden.

2 Suppengrün putzen, evtl. schälen, waschen, abtropfen lassen und in Würfel oder Scheiben schneiden. Von dem Brokkoli die Blätter entfernen. Brokkoli waschen, abtropfen lassen und in kleine Röschen teilen. Bohnen in einem Sieb abtropfen lassen.

3 Olivenöl in einem Bräter oder in einem großen Topf erhitzen. Putenwürfel von allen Seiten darin anbraten. Mit Salz, Pfeffer und Knoblauch bestreuen. Vorbereitetes Suppengrün hinzufügen und kurz mit andünsten. Brühe hinzugießen, zum Kochen bringen und zugedeckt bei schwacher Hitze etwa 45 Minuten garen.

4 Bohnen, Brokkoliröschen und Tomatenstücke mit Fond in den Fleischtopf geben. Kräuter der Provence unterrühren. Mit Salz, Pfeffer und Knoblauch würzen, wieder zum Kochen bringen und zugedeckt weitere etwa 15 Minuten garen.

5 Basilikum abspülen und trockentupfen. Die Blättchen von den Stängeln zupfen. Den Puten-Gemüse-Eintopf nochmals mit den Gewürzen abschmecken und mit Basilikumblättchen bestreut servieren.

■ **Beilage:**
Pecorino-Käse und ofenwarmes Olivenbrot oder Ciabatta.

■ **Tipp:**
Nach Belieben die Flüssigkeit mit Kartoffelpüreepulver (Fertigprodukt) binden. Mit geraspeltem Pecorino-Käse bestreuen.

Pikanter Garnelentopf

*Zubereitungszeit: 50 Min.,
ohne Auftauzeit*
Garzeit: 25–30 Min.

Pro Portion:
*E: 25 g, F: 7 g, Kh: 25 g,
kJ: 1084, kcal: 259*

- **600 g TK-Kabeljaufilet**
- **400 g TK-Garnelen ohne Schale**
- **500 g TK-Brechbohnen**
- **1 Fenchelknolle (etwa 300 g)**
- **300 g Cocktailtomaten**
- **1 Bund oder ein kleiner Topf Zitronenthymian**
- **4 EL Olivenöl**
- **2 l Gemüsebrühe**
- **250 g Suppen-Muschelnudeln**
- **Salz**
- **frisch gemahlener Pfeffer**
- **Knoblauchpulver**
- **4 EL süße Chilisauce**

1 Kabeljaufilet, Garnelen und Brechbohnen nach Packungsanleitung auftauen lassen. Von der Fenchelknolle die Stiele dicht oberhalb der Knolle abschneiden. Braune Stellen und Blätter entfernen. Knolle waschen, abtropfen lassen, zuerst in Scheiben, dann in Würfel schneiden.

2 Tomaten waschen, abtrocknen, evtl. die Stängelansätze herausschneiden. Tomaten in Hälften schneiden. Thymian abspülen und trockentupfen. Die Blättchen von den Stängeln zupfen. Kabeljaufilet in Würfel schneiden. Von den Garnelen evtl. den Darm entfernen. Garnelen abspülen und trockentupfen.

3 Olivenöl in einem großen Topf erhitzen, Fenchelwürfel darin andünsten. Brühe hinzugießen, zum Kochen bringen und etwa 10 Minuten kochen lassen. Dann Bohnen und Muschelnudeln hinzugeben. Die Zutaten zum Kochen bringen und zugedeckt bei schwacher Hitze 10–15 Minuten garen. Fischwürfel, Garnelen und Tomatenhälften hinzufügen, etwa 5 Minuten gar ziehen lassen. Mit Salz, Pfeffer, Knoblauch und Chilisauce würzen. Thymianblättchen unterrühren.

- **Beilage:**

Aioli und gebratene Baguettescheiben.
Für die Aioli 6 Esslöffel Salatmayonnaise mit 2 abgezogenen, gehackten Knoblauchzehen vermischen. Mit Salz und Pfeffer würzen. Baguettescheiben, nach Möglichkeit dünn geschnitten, in heißer Butter braten.

Mecklenburger Fischtopf

Zubereitungszeit: 45 Min.
Garzeit: etwa 30 Min.

Pro Portion:
E: 19 g, F: 15 g, Kh: 5 g,
kJ: 1053, kcal: 251

- **250 g Möhren**
- **250 g Zwiebeln**
- **350 g Knollensellerie**
- **5 Stangen Staudensellerie**
- **40 g Butter**
- **4 EL Speiseöl**
- **250 ml (¼ l) trockener Weißwein**
- **1½ l Fischfond oder -brühe**
- **je 200 g Hecht-, Schleien-, Forellen- und Aalfilets**
- **Salz**
- **frisch gemahlener bunter grober Pfeffer**
- **Worcestersauce**
- **2 EL gehackte Petersilie**

1 Möhren putzen, schälen, waschen, abtropfen lassen und in Scheiben schneiden. Zwiebeln abziehen, halbieren, zunächst in Scheiben schneiden, dann in Ringe teilen. Knollensellerie putzen, schälen, abtropfen lassen und in kleine Stifte schneiden. Staudensellerie putzen, dabei die harten Außenfäden abziehen. Sellerie waschen, abtropfen lassen und in Streifen schneiden.

2 Butter in einem großen Topf zerlassen, Speiseöl mit erhitzen. Das vorbereitete Gemüse darin andünsten. Weißwein und Fischfond oder -brühe hinzugießen, zum Kochen bringen und etwa 20 Minuten kochen lassen.

3 Hecht-, Schleien-, Forellen- und Aalfilets unter fließendem kalten Wasser abspülen, trockentupfen, evtl. entgräten und in mundgerechte Stücke schneiden. Fischstücke in der leicht kochenden Suppe etwa 10 Minuten ziehen lassen. Mit Salz, Pfeffer und Worcestersauce würzen.

4 Den Fischtopf mit Petersilie bestreut sofort servieren.

■ **Abwandlung:**

Sie können den Fischtopf auch mit einem Paprika-Tomaten-Gemüse zubereiten. Dafür 2 Zwiebeln abziehen und in Streifen schneiden. Je 1 rote, grüne und gelbe Paprikaschote halbieren, entstielen, entkernen und die weißen Scheidewände entfernen. Schoten waschen, trockentupfen, in Streifen schneiden. 4 Fleischtomaten waschen, trockentupfen und in Stücke schneiden. 4 Esslöffel Olivenöl in einem großen Topf erhitzen. Vorbereitetes Gemüse portionsweise darin andünsten. Mit Salz, Pfeffer und Oregano würzen. Dann 250 ml (¼ l) Weißwein und 1½ l Gemüsebrühe hinzufügen und etwa 10 Minuten garen. Den Fischtopf wie ab Punkt 3 beschrieben, weiter zubereiten. Mit Buttertoast oder Ciabatta servieren.

■ **Beilage:**
Petersilienkartoffeln oder Reis.

Mediterraner Fischeintopf

**Zubereitungszeit: 55 Min,
ohne Auftauzeit
Garzeit: etwa 10 Min.**

**Pro Portion:
E: 27 g, F: 9 g, Kh: 9 g,
kJ: 957, kcal: 228**

- ■ **300 g TK-Venusmuscheln**
- ■ **300 g kleine TK-Tintenfische**
- ■ **150 g TK-Shrimps**
- ■ **400 g küchenfertige TK-Rotbarben**
- ■ **2 Gläser Miesmuscheln (Abtropfgewicht je 120 g)**
- ■ **3 mittelgroße Zucchini (etwa 500 g)**
- ■ **5 Fleischtomaten**
- ■ **6 EL Olivenöl**
- ■ **1,2 l Fischfond oder Gemüsebrühe**
- ■ **Salz**
- ■ **frisch gemahlener Pfeffer**
- ■ **4 durchgedrückte Knoblauchzehen**
- ■ **2 Pck. TK-Kräuter der Provence**

- ■ **1 Bund Zitronenthymian**

1 TK-Meeresfrüchte und -Fische nach Packungsanleitung auftauen lassen. Anschließend unter fließendem kalten Wasser abspülen und trockentupfen. Rotbarben in Stücke schneiden, dabei evtl. Gräten entfernen. Miesmuscheln in einem Sieb abtropfen lassen.

2 Zucchini waschen, abtrocknen und die Enden abschneiden. Zucchini längs halbieren und in dickere Scheiben schneiden.

3 Tomaten waschen, abtropfen lassen, kreuzweise einschneiden und kurz in kochendes Wasser legen, in kaltem Wasser abschrecken, enthäuten, Stängelansätze herausschneiden. Fruchtfleisch in Würfel schneiden.

4 Olivenöl in einem großen Topf erhitzen. Meeresfrüchte, Fischstücke und Muscheln portionsweise darin andünsten. Zucchinischeiben hinzufügen. Fischfond oder Gemüsebrühe hinzugießen. Knoblauch und Kräuter der Provence unterrühren. Mit Salz und Pfeffer würzen. Die Zutaten zum Kochen bringen und etwa 10 Minuten bei schwacher Hitze ziehen lassen. Tomatenwürfel unterrühren und mit erhitzen.

5 Thymian abspülen und trockentupfen. Den Fischeintopf mit Thymianzweigen garniert servieren.

■ **Tipp:**

Knoblauchbutter mit frischem gehackten Basilikum vermengen und mit Baguette oder Brötchen zum Eintopf reichen.

Helgoländer Fischtopf

Zubereitungszeit: 60 Min.
Garzeit: etwa 20 Min.

Pro Portion:
E: 23 g, F: 30 g, Kh: 11 g,
kJ: 1688, kcal: 403

- **200 g durchwachsener Speck**
- **4 EL Speiseöl**
- **2 Stangen Porree (Lauch)**
- **500 g Champignons**
- **300 g TK-Erbsen**
- **Salz**
- **frisch gemahlener Pfeffer**
- **2 EL Tomatenmark**
- **40 g Weizenmehl**
- **250 ml (¼ l) Fischfond oder -brühe**
- **500 ml (½ l) Schlagsahne**

- **600 g küchenfertiger Seeaal**
- **2 EL Zitronensaft**
- **1 EL gehackte Petersilie**

1 Speck in kleine Würfel schneiden. Speiseöl in einem großen Topf erhitzen. Speckwürfel darin auslassen.

2 Porree putzen, die Stangen längs halbieren. Porree waschen, abtropfen lassen und in Ringe schneiden. Champignons putzen, mit Küchenpapier abreiben, evtl. abspülen, trockentupfen und in Scheiben schneiden.

3 Porreeringe und Champignonscheiben zu den Speckwürfeln geben (evtl. in 2 Portionen) und unter Rühren etwa 5 Minuten dünsten, gefrorene Erbsen hinzugeben. Mit Salz und Pfeffer bestreuen. Tomatenmark und Mehl kurz mit andünsten.

4 Fischfond oder -brühe und Sahne hinzugießen, zum Kochen bringen und etwa 5 Minuten kochen lassen.

5 Aal abspülen und die Haut entfernen. Aal in 2–3 cm große Stücke schneiden. Mit Salz und Pfeffer bestreuen, mit Zitronensaft beträufeln. Aalstücke auf das Gemüse legen und etwa 10 Minuten ziehen lassen.

6 Den Fischtopf nochmals mit Salz und Pfeffer abschmecken, mit Petersilie bestreut servieren.

- **Beilage:**
Frisches Ofenbaguette, getoastetes Weißbrot.

- **Tipp:**
Anstelle von Seeaal können Sie auch andere Fischsorten, z. B. Scholle oder Kabeljau, verwenden.

Italienische Fischsuppe

Zubereitungszeit: 100 Min.,
ohne Durchziehzeit
Garzeit: etwa 70 Min.

Pro Portion:
E: 34 g, F: 12 g, Kh: 12 g,
kJ: 1315, kcal: 314

- **1 kg Miesmuscheln**
- **3 EL Olivenöl**
- **2 kg küchenfertiger Fisch (z. B. Schellfisch, Seehecht, Steinbutt, Seezunge, Aal, Dorsch)**
- **Zitronensaft**
- **2 l Wasser**
- **300 g vorbereitete Tintenfischringe**
- **2 Möhren**
- **4 Stangen Staudensellerie**
- **3 Zwiebeln**
- **3 EL Olivenöl**
- **1 abgezogene, zerdrückte Knoblauchzehe**
- **1 rote klein gehackte Pfefferschote**
- **gerebelter Thymian**
- **250 ml (¼ l) trockener Weißwein**
- **Salz**
- **frisch gemahlener Pfeffer**
- **4 enthäutete Tomaten**
- **12 geschälte Scampi**
- **2 EL Olivenöl**
- **6–8 Scheiben Weißbrot**

1 Miesmuscheln in reichlich kaltem Wasser gründlich waschen und einzeln abbürsten, bis sie nicht mehr sandig sind (Muscheln, die sich beim Waschen öffnen, sind ungenießbar). Eventuell die Fäden (Bartbüschel) entfernen.

2 Olivenöl in einem großen Topf erhitzen. Muscheln hineingeben, im geschlossenen Topf erhitzen, bis sich die Muscheln öffnen (etwa 5 Minuten – Muscheln, die sich nach dem Garen nicht öffnen, sind ungenießbar). Muscheln in einem Sieb abtropfen lassen, die Flüssigkeit dabei auffangen. Das Muschelfleisch aus den Schalen lösen und beiseite stellen.

3 Fisch unter fließendem kalten Wasser abspülen, trockentupfen, entgräten und in etwa 5 cm lange Stücke schneiden, mit Zitronensaft beträufeln und etwa 15 Minuten ziehen lassen.

4 Köpfe, Schwänze und Flossen in 2 Liter Wasser zum Kochen bringen und etwa 15 Minuten kochen lassen. Den Sud durch ein Sieb gießen und beiseite stellen.

5 Tintenfischringe unter fließendem kalten Wasser abspülen und trockentupfen.

6 Möhren putzen, schälen, waschen, abtropfen lassen und in Scheiben schneiden. Sellerie putzen und die harten Außenfäden abziehen. Sellerie waschen, abtropfen lassen und in Scheiben schneiden. Zwiebeln abziehen, zuerst in Scheiben schneiden, dann in Ringe teilen.

7 Olivenöl in einem großen Topf erhitzen. Möhrenscheiben, Selleriestücke und Zwiebelringe portionsweise darin andünsten. Knoblauch, Pfefferschote und Thymian hinzugeben und kurz mit andünsten. Weißwein hinzugießen. Mit Salz und Pfeffer würzen. Die Zutaten zum Kochen bringen und etwas einkochen lassen. Die beiseite gestellte Muschelflüssigkeit und den Fischsud hinzugeben, zum Kochen bringen und zugedeckt bei schwacher Hitze etwa 10 Minuten kochen lassen.

8 Tomaten in Stücke schneiden. Zunächst die Tintenfischringe, dann nach etwa 10 Minuten die Fischstücke und Scampi zur Suppe geben, zum Kochen bringen und etwa 15 Minuten kochen lassen. Zuletzt Muschelfleisch und Tomatenstücke hinzufügen. Mit Salz und Pfeffer würzen. Suppe nochmals kurz aufkochen lassen.

(Fortsetzung Seite 78)

9 Olivenöl in einer großen Pfanne erhitzen. Weißbrotscheiben portionsweise von beiden Seiten darin anrösten. Weißbrotscheiben in tiefe Teller legen, mit der Fischsuppe auffüllen und sofort servieren.

Gemüse-Hähnchen-Gulasch

Zubereitungszeit: 65 Min.
Garzeit: etwa 35 Min.

Pro Portion:
E: 32 g, F: 6 g, Kh: 22 g,
kJ: 1156, kcal: 276

- **600 g fest kochende Kartoffeln**
- **2 große Fenchelknollen (etwa 600 g)**
- **600 g Zucchini**
- **2 Bund Frühlingszwiebeln (etwa 500 g)**
- **3 gelbe Paprikaschoten (etwa 750 g)**
- **1 Dose geschälte Tomaten (800 g)**
- **6 EL Speiseöl**
- **1 EL Paprikapulver edelsüß**
- **Salz**
- **frisch gemahlener Pfeffer**
- **200 ml Gemüsebrühe**
- **1 kg Hähnchenbrustfilets**
- **4 EL süße Chilisauce**
- **1 Bund glatte Petersilie**

1 Kartoffeln waschen, schälen, abspülen und in Würfel schneiden. Von den Fenchelknollen die Stiele dicht oberhalb der Knollen abschneiden. Braune Stellen und Blätter entfernen. Die Knollen waschen, abtropfen lassen und in Würfel schneiden. Zucchini waschen, abtrocknen und die Enden abschneiden. Zucchini ebenfalls in Würfel schneiden. Frühlingszwiebeln putzen, waschen, abtropfen lassen und in Stücke schneiden.

2 Paprika halbieren, entstielen, entkernen, die weißen Scheidewände entfernen. Die Schoten waschen, trockentupfen und ebenfalls in Stücke schneiden.

3 Geschälte Tomaten in einem Sieb abtropfen lassen, die Flüssigkeit dabei auffangen und die Hälfte davon abmessen. Tomaten etwas zerkleinern.

4 Die Hälfte des Speiseöls in einem Bräter oder einem großen Topf erhitzen, vorbereitetes Gemüse in 2 Portionen unter Rühren darin andünsten. Paprika darüber streuen und kurz mit andünsten. Mit Salz und Pfeffer würzen. Geschälte Tomatenstücke unterrühren. Abgemessene Tomatenflüssigkeit und Brühe hinzugießen. Die Zutaten zum Kochen bringen und zugedeckt bei schwacher Hitze etwa 35 Minuten garen.

5 Hähnchenbrustfilets unter fließendem kalten Wasser abspülen, trockentupfen und in Streifen schneiden.

6 Restliches Speiseöl in einer großen Pfanne erhitzen. Hähnchenbrustfiletstreifen in 2 Portionen hinzugeben und knusprig anbraten, mit Salz und Pfeffer bestreuen, herausnehmen und in den garen Gemüsetopf geben. Mit Chilisauce pikant abschmecken.

7 Petersilie abspülen und trockentupfen. Die Blättchen von den Stängeln zupfen. Blättchen fein hacken. Gemüse-Hähnchen-Gulasch mit Petersilie bestreut servieren.

Gemischter Pilztopf mit Griessklösschen

Zubereitungszeit: 60 Min.
Garzeit: etwa 70 Min.

Pro Portion:
E: 34 g, F: 27 g, Kh: 27 g,
kJ: 2108, kcal: 503

- **1 kg mageres Rindfleisch aus der Schulter**
- **1 Gemüsezwiebel (etwa 300 g)**
- **4 EL Speiseöl**
- **2 EL (50 g) Tomatenmark**
- **500 ml (½ l) Fleischbrühe**
- **300 ml trockener Rotwein, z. B. Burgunder**
- **Salz, Pfeffer**
- **1 gestr. EL mittelscharfer Senf**
- **je 200 g frische kleine weiße und braune Champignons**
- **200 g frische Austernpilze**
- **200 g frische Pfifferlinge oder Pfifferlinge aus der Dose**
- **2 Pck. TK-Kräuter der Provence**

Für die Grießklößchen:
- **500 ml (½ l) Milch**
- **40 g Butter oder Margarine**
- **Salz**
- **frisch geriebene Muskatnuss**
- **250 g Hartweizengrieß**
- **2 Eier (Größe M)**
- **2 Becher (je 200 g) Schmand**

1 Rindfleisch unter fließendem kalten Wasser abspülen, trockentupfen und in nicht zu kleine Würfel schneiden. Zwiebel abziehen und in kleine Würfel schneiden.

2 Speiseöl in einem Bräter erhitzen. Fleischwürfel von allen Seiten kräftig darin anbraten. Zwiebelwürfel hinzufügen und ebenfalls darin anbraten. Tomatenmark unterrühren. Die Hälfte der Brühe hinzugießen, zum Kochen bringen und einkochen lassen.

3 Restliche Brühe und Wein hinzugießen. Mit Salz, Pfeffer und Senf würzen. Die Zutaten zum Kochen bringen und zugedeckt etwa 70 Minuten garen, evtl. noch etwas Brühe hinzugießen.

4 Champignons, Austernpilze und Pfifferlinge putzen, mit Küchenpapier abreiben, evtl. abspülen und abtropfen lassen (Pfifferlinge aus der Dose abtropfen lassen). Größere Austernpilze oder Pfifferlinge etwas kleiner schneiden.

5 Nach etwa 1 Stunde Garzeit Pilze und Kräuter der Provence hinzugeben, zum Kochen bringen und den Pilztopf fertig garen.

6 Für die Grießklößchen Milch mit Butter oder Margarine, Salz und Muskat in einem Topf zum Kochen bringen, dann von der Kochstelle nehmen. Grieß unter Rühren hineinstreuen, zu einem glatten Kloß rühren und noch etwa 1 Minute auf der Kochstelle erhitzen. Den heißen Kloß in eine Schüssel geben und die Eier unterrühren.

7 Aus der Masse mit Hilfe von 2 in heißes Wasser getauchten Teelöffeln kleine Klößchen formen, in kochendes Salzwasser geben und ohne Deckel etwa 5 Minuten gar ziehen lassen.

8 Grießklößchen mit einem Schaumlöffel herausnehmen und in den fertigen Pilztopf geben. Schmand unterrühren oder zu dem Pilztopf reichen.

Vegetarischer Eintopf

Zubereitungszeit: 60 Min.
Garzeit: etwa 20 Min.

Pro Portion:
E: 8 g, F: 6 g, Kh: 22 g,
kJ: 737, kcal: 175

- **800 g Möhren**
- **800 g Kartoffeln**
- **800 g grüne Bohnen**
- **1 Blumenkohl (etwa 1 kg)**
- **2 große Zwiebeln**
- **800 g Tomaten**
- **2,5 l Gemüsebrühe**
- **50 g Butter**
- **Salz**
- **frisch gemahlener Pfeffer**
- **2 gestr. EL vegetarische Paste mit Kräutern**
- **1 Topf Basilikum**
- **2 EL gehackte Petersilie**

1 Möhren putzen, schälen, waschen, abtropfen lassen und in Würfel schneiden. Kartoffeln waschen, schälen, abspülen, abtropfen lassen und ebenfalls in Würfel schneiden. Von den Bohnen die Enden abschneiden, Bohnen evtl. abfädeln, waschen, abtropfen lassen und in Stücke brechen oder schneiden.

2 Von dem Blumenkohl die Blätter und schlechten Stellen entfernen. Den Strunk herausschneiden. Blumenkohl waschen, abtropfen lassen und in kleine Röschen teilen. Zwiebeln abziehen und in kleine Würfel schneiden. Tomaten kreuzweise einschneiden, kurze Zeit in kochendes Wasser legen, in kaltem Wasser abschrecken, enthäuten und Stängelansätze herausschneiden. Tomaten in Achtel schneiden.

3 Brühe in einem großen Topf zum Kochen bringen. Möhren-, Kartoffelwürfel, Bohnenstücke und Blumenkohlröschen hinzugeben, zum Kochen bringen und zugedeckt etwa 20 Minuten garen. Tomatenachtel hinzufügen.

4 Butter in einem Topf zerlassen. Zwiebelwürfel darin andünsten und in den Eintopf geben. Mit Salz, Pfeffer und vegetarischer Paste würzen. Basilikum abspülen und trockentupfen. Die Blättchen von den Stängeln zupfen. Blättchen in Streifen schneiden und unterrühren.

5 Den Eintopf mit Salz und Pfeffer abschmecken, mit Petersilie bestreut servieren.

Gnocchi-Topf

Zubereitungszeit: 90 Min.
Garzeit: 15–20 Min.

Pro Portion:
E: 20 g, F: 35 g, Kh: 61 g,
kJ: 2682, kcal: 637

- 400 g Brokkoli
- 400 g kleine weiße oder braune Champignons
- 400 g Cocktailtomaten
- 1 Zwiebel
- 3 EL Speiseöl
- 500 ml (½ l) Gemüsebrühe (Instant)
- 3 Becher (je 200 ml) Schlagsahne
- Salz
- frisch gemahlener Pfeffer
- Knoblauchpulver

- 3 l Wasser
- 3 gestr. TL Salz
- 1,5 kg frische Gnocchi (aus dem Kühlregal)
- 2 kleine Töpfe frisches Basilikum
- 250 g geriebener Parmesan-Käse

1 Von dem Brokkoli die Blätter entfernen. Brokkoli waschen, abtropfen lassen und in Röschen teilen. Champignons putzen, mit Küchenpapier abreiben, evtl. abspülen und abtropfen lassen. Cocktailtomaten waschen, abtrocknen und halbieren, evtl. Stängelansätze herausschneiden. Zwiebel abziehen und in kleine Würfel schneiden.

2 Speiseöl in einem Bräter erhitzen. Zwiebelwürfel darin glasig dünsten. Champignons und Brokkoliröschen hinzugeben, mit andünsten. Gemüsebrühe und Sahne hinzugießen, zum Kochen bringen und zugedeckt etwa 10 Minuten garen. Mit Salz, Pfeffer und Knoblauch würzen. Tomatenhälften hinzufügen.

3 Wasser mit Salz in einem großen Topf zum Kochen bringen. Gnocchi hinzugeben und 5–10 Minuten darin gar ziehen lassen. Wenn die Gnocchi an der Oberfläche schwimmen, mit einem Schaumlöffel herausnehmen, in den Gemüsetopf geben und vorsichtig unterheben.

4 Basilikum abspülen und trockentupfen. Die Blättchen von den Stängeln zupfen und unterrühren.

5 Den Gnocchi-Topf mit Parmesan-Käse bestreut servieren.

- **Tipp:**
Dieses Gericht kann auch mit anderen Nudelsorten (z. B. Penne, Ravioli oder Tortellini) zubereitet werden.

Katalanischer Gemüsetopf

Zubereitungszeit: 55 Min.
Garzeit: 20–25 Min.

Pro Portion:
E: 19 g, F: 13 g, Kh: 19 g,
kJ: 1156, kcal: 276

- **4 große Zwiebeln**
- **60 g Schweineschmalz**
- **2 grüne Paprikaschoten**
- **400 g Möhren**
- **600 g Kartoffeln**
- **500 g TK-Erbsen**
- **2 l Gemüsebrühe**
- **Salz**
- **frisch gemahlener Pfeffer**
- **gerebelter Rosmarin**

- **400 g roher Schinken**
  oder Schinkenspeck
- **4 hart gekochte Eier**
- **2 EL gehackte Petersilie**

- **Petersilienblättchen**

1 Zwiebeln abziehen und in kleine Würfel schneiden. Schmalz in einem großen Topf erhitzen, Zwiebelwürfel darin glasig dünsten.

2 Paprika halbieren, entstielen, entkernen, die weißen Scheidewände entfernen. Die Schoten waschen, abtropfen lassen und in Würfel schneiden. Paprikastreifen zu den Zwiebelwürfeln geben und kurz mit andünsten.

3 Möhren putzen, schälen, waschen und abtropfen lassen. Kartoffeln waschen, schälen, abspülen und abtropfen lassen. Möhren und Kartoffeln in kleine Würfel schneiden.

4 Die gefrorenen Erbsen, Möhren- und Kartoffelwürfel zu den Paprikawürfeln geben, Brühe hinzugießen, zum Kochen bringen. Mit Salz, Pfeffer und Rosmarin würzen. Die Zutaten zum Kochen bringen und zugedeckt 20–25 Minuten garen. Evtl. nochmals mit den Gewürzen abschmecken.

5 Schinken in Streifen schneiden, Eier pellen, in Scheiben oder Viertel schneiden und auf den Gemüsetopf geben. Mit Petersilie bestreut und Petersilienblättchen garniert servieren.

- **Abwandlung:**

Der Gemüsetopf kann auch mit einer anderen Gemüsemischung zubereitet werden wie z. B. mit 250 g weißen Rübchen, 200 g Knollensellerie, 400 g Porree (Lauch), 2 kleinen Zucchini, 200 g grünen Bohnen, 350 g Möhren, 2 Zwiebeln und 400 g Kartoffeln. Dann statt Petersilienblättchen Kerbelblättchen verwenden.

Sautierter Gemüsetopf

Zubereitungszeit: 100 Min., ohne Abkühlzeit
Garzeit: etwa 30 Min.

Pro Portion:
E: 8 g, F: 5 g, Kh: 25 g,
kJ: 763, kcal: 182

- **1 kg kleine fest kochende Kartoffeln**
- **Wasser**
- **Salz**
- **500 g kleine weiße Champignons**
- **200 g kleine Schalotten (ersatzweise Perlzwiebeln)**
- **800 g Zucchini**
- **500 g Cocktailtomaten**
- **800 g Staudensellerie**
- **4 EL Speiseöl**
- **frisch gemahlener Pfeffer**
- **3 EL Rohrzucker (ersatzweise Zucker)**
- **3 EL Balsamico-Essig**
- **2 EL Sojasauce**
- **600 ml Gemüsebrühe**

- **1 Bund glatte Petersilie**

1 Kartoffeln gründlich waschen und bürsten. Wasser mit Salz in einem Topf zum Kochen bringen. Kartoffeln hinzugeben und zugedeckt etwa 20 Minuten kochen lassen (die Kartoffeln sollten noch Biss haben). Kartoffeln abgießen und abkühlen lassen.

2 Champignons putzen, mit Küchenpapier abreiben, evtl. abspülen und trockentupfen. Schalotten abziehen.

3 Zucchini waschen, abtrocknen und die Enden abschneiden. Zucchini in Würfel schneiden. Cocktailtomaten waschen und abtropfen lassen, halbieren und evtl. Stängelansätze entfernen.

4 Staudensellerie putzen und die harten Außenfäden abziehen. Sellerie waschen, abtropfen lassen und in Stücke schneiden.

5 Wasser mit Salz in einem Topf zum Kochen bringen, Schalotten hinzugeben und etwa 5 Minuten blanchieren. Mit einem Schaumlöffel herausnehmen, in ein Sieb geben, mit kaltem Wasser übergießen und abtropfen lassen. Salzwasser wieder zum Kochen bringen, Selleriestücke etwa 3 Minuten darin blanchieren, in ein Sieb geben, mit kaltem Wasser übergießen und abtropfen lassen.

6 Speiseöl in einem Bräter oder in einer großen Pfanne erhitzen. Zuerst die Schalotten, dann Kartoffeln, Selleriestücke, Zucchiniwürfel und Champignons darin andünsten, evtl. in mehreren Portionen. Tomatenhälften hinzugeben. Mit Salz und Pfeffer würzen. Rohrzucker darüber streuen und unter Rühren karamellisieren lassen. Essig und Sojasauce unterrühren. Brühe hinzugießen.

7 Den Gemüsetopf zum Kochen bringen und zugedeckt bei mittlerer Hitze etwa 10 Minuten kochen lassen.

8 Petersilie abspülen und trockentupfen. Die Blättchen von den Stängeln zupfen. Blättchen fein hacken. Den Gemüsetopf mit Petersilie bestreut servieren.

- **Tipp:**
Den Gemüsetopf zusätzlich mit Cashewkernen und Sesamsamen bestreuen.

Gemüse-Kartoffel-Ragout

Zubereitungszeit: 40 Min.
Garzeit: etwa 50 Min.

Pro Portion:
E: 5 g, F: 10 g, Kh: 19 g,
kJ: 771, kcal: 184

- **800 g Kartoffeln**
- **2 Zwiebeln**
- **4 Knoblauchzehen**
- **2 Zucchini (je 250 g)**
- **1 Aubergine (300 g)**
- **300 g Knollensellerie**
- **je 2 kleine rote und grüne Paprikaschoten (je 200 g)**
- **8 EL Olivenöl**
- **Salz**
- **frisch gemahlener Pfeffer**
- **gerebelter Oregano**
- **250 ml (¼ l) Gemüsebrühe**
- **600 g Tomaten**
- **je 2 Bund Thymian und Majoran**

1 Kartoffeln waschen, schälen, abspülen und in kleine Würfel schneiden. Zwiebeln und Knoblauch abziehen und fein würfeln. Zucchini und Auberginen waschen, abtrocknen, die Enden bzw. Stängelansätze abschneiden und ebenfalls in kleine Würfel schneiden.

2 Sellerie putzen, schälen, waschen, abtropfen lassen und in etwa 1 x 1cm große Würfel schneiden. Paprika halbieren, entstielen, entkernen, die weißen Scheidewände entfernen. Die Schoten waschen, abtropfen lassen und ebenfalls würfeln.

3 Etwas von dem Olivenöl in einem Bräter erhitzen. Vorbereitete Gemüsewürfel portionsweise darin andünsten. Mit Salz, Pfeffer und Oregano würzen. Gemüsebrühe hinzugießen.

4 Den Bräter zugedeckt auf dem Rost in den Backofen schieben.

Ober-/Unterhitze:
etwa 200 °C (vorgeheizt)
Heißluft: etwa 180 °C
(nicht vorgeheizt)
Gas: Stufe 3–4 (nicht vorgeheizt)
Garzeit: etwa 50 Min.

5 Tomaten waschen, trockentupfen, vierteln und die Stängelansätze herausschneiden. Tomaten in Würfel schneiden oder die Tomaten waschen, abtropfen lassen, kreuzweise einschneiden, kurz in kochendes Wasser legen und in kaltem Wasser abschrecken. Tomaten enthäuten, Stängelansätze entfernen, Fruchtfleisch würfeln. Thymian und Majoran abspülen und trockentupfen. Die Blättchen von den Stängeln zupfen. Blättchen fein hacken (einige Blättchen zum Garnieren beiseite legen).

6 Nach etwa 40 Minuten Garzeit Tomatenwürfel, Thymian und Majoran zum Ragout geben, unterrühren und zugedeckt fertig garen.

7 Das fertige Ragout mit Salz und Pfeffer abschmecken und mit den beiseite gelegten Kräutern garnieren.

Schupfnudelragout mit Gartengemüse

Zubereitungszeit: 35 Min.
Garzeit: etwa 15 Min.

Pro Portion:
E: 11 g, F: 14 g, Kh: 52 g,
kJ: 1580, kcal: 374

- 2 Kohlrabi (je 250 g)
- 600 g Zuckerschoten
- 800 g feine grüne Bohnen
- Salzwasser (3 TL Salz auf 750 ml Wasser)
- 125 g Butter
- 1 kg–1,4 kg Schupfnudeln (TK-Ware oder aus dem Kühlregal)
- Salz
- frisch gemahlener Pfeffer
- 2 Bund Kerbel

1 Kohlrabi putzen, schälen, waschen, abtropfen lassen, zuerst in dünne Scheiben, dann in dünne Stifte schneiden. Von den Zuckerschoten und Bohnen die Enden abschneiden, evtl. abfädeln und einmal durchschneiden. Zuckerschoten und Bohnen waschen, abtropfen lassen.

2 Salzwasser in einem Topf zum Kochen bringen, nacheinander Kohlrabistifte, Zuckerschoten und Bohnen darin bissfest garen. Kohlrabi etwa 5 Minuten, Zuckerschoten etwa 2 Minuten, Bohnen etwa 5 Minuten. Anschließend in ein Sieb geben, mit kaltem Wasser übergießen und abtropfen lassen

3 Jeweils etwas von der Butter in einer Pfanne zerlassen, Schupfnudeln portionsweise nach Packungsanleitung darin andünsten, mit dem vorbereiteten Gemüse vermengen und in eine große flache Auflaufform oder Fettfangschale geben. Die Form auf dem Rost oder die Fettfangschale in den Backofen schieben.

Ober-/Unterhitze:
etwa 180 °C (vorgeheizt)
Heißluft: etwa 160 °C (vorgeheizt)
Gas: Stufe 2–3 (vorgeheizt)
Garzeit: etwa 15 Min.

4 Kerbel abspülen und trockentupfen. Die Blättchen von den Stängeln zupfen. Das Schupfnudelragout auf Tellern anrichten und mit Kerbelblättchen garniert servieren.

- **Tipp:**

Schupfnudelragout vor dem Garen zusätzlich mit 150 g geriebenem Gouda-Käse bestreuen. Wenn Sie keine Zuckerschoten bekommen, können Sie auch Erbsen und Möhren verwenden. Statt der Schupfnudeln können Sie auch Gnocchi aus dem Kühlregal verwenden.

Alphabetisches Register

B/D/E

Bologneser Reistopf 32
Deftiger Kohltopf 18
Eintopf, vegetarischer 82
Erbseneintopf, passierter, grüner 26

F

Feiner Hähnchenfleischtopf 54
Fischeintopf, Mediterraner 72
Fischsuppe, italienische 76
Fischtopf, Helgoländer 74
Fischtopf, Mecklenburger 70
Fleischtopf, gratinierter 10
Förstertopf 8

G

Garnelentopf, pikanter 68
Geflügelgulasch „Ungarische Art" 62
Geflügel-Reis-Bällchen 58
Griechische Lammsteaks 52
Gemischter Pilztopf mit Grießklößchen 80
Gemüse-Hähnchen-Gulasch 78
Gemüse-Kartoffel-Ragout 90
Gemüsetopf, katalanischer 86
Gemüsetopf, sautierter 88
Gnocchi-Topf 84
Gratinierter Fleischtopf 10

H/I

Hackfleischtopf, russischer 30
Hähnchenfleischtopf, feiner 54
Hähnchentopf indisch 64
Helgoländer Fischtopf 74
Hühnertopf, spanischer 60
Indische Ofensuppe 18
Italienische Fischsuppe 76
Italienischer Puten-Gemüse-Topf 66

K

Kalbsgeschnetzeltes mit Oliven 40
Kasseler-Filet-Topf, geschmort 6
Katalanischer Gemüsetopf 86
Kohltopf, deftiger 18

L/M

Lamm-Gemüse-Eintopf 46
Lammsteaks, griechische 52
Lammtopf mit Aprikosen 48
Lammtopf mit Chinakohl 50
Linseneintopf mit Speck 20
Maasdamer Rindertopf 38
Maistopf 30
Mecklenburger Fischtopf 70
Mediterraner Fischeintopf 72

O/P

Ofensuppe, indische 18
Paprika-Linsen-Eintopf mit Forelle 24
Passierter grüner Erbseneintopf 26
Pfifferlings-Rindfleisch-Topf 16
Pikanter Garnelentopf 68
Pilztopf mit Grießklößchen, gemischter 80
Porree-Geflügel-Eintopf mit Käseklößchen 56
Puten-Gemüse-Topf, italienischer 66

R

Ragout von der Lammkeule 44
Reistopf, Bologneser 32
Rinderpörkölt in Biersauce 36
Rindertopf, Maasdamer 38
Rindfleischtopf mit Rotwein 34
Rindfleischtopf mit Rotwein (**Abwandlung Titelfoto**) 34
Rindfleischtopf nach Sauerbraten-Art mit Klößen 42
Rosenkohl-Hackfleisch-Topf 28
Russischer Hackfleischtopf 30

S

Sächsisches Zwiebelfleisch 14
Sautierter Gemüsetopf 88
Schlemmertopf 22
Schupfnudelragout mit Gartengemüse 92
Schweinefleischtopf 12
Schweinegulaschtopf 14
Spanischer Hühnertopf 60

V/Z

Vegetarischer Eintopf 82
Zwiebelfleisch, sächsisches 14

Themenregister

Party-Topf mit Gemüse

Deftiger Kohltopf 18
Passierter grüner Erbseneintopf 26
Rosenkohl-Hackfleisch-Topf 28
Maistopf 30
Bologneser Reistopf 32
Lamm-Gemüse-Eintopf 46
Lammtopf mit Chinakohl 50
Porree-Geflügel-Eintopf mit Käseklößchen 56
Italienischer Puten-Gemüse-Topf 66
Pikanter Garnelentopf 68
Mecklenburger Fischtopf 70
Gemüse-Hähnchen-Gulasch 78
Vegetarischer Eintopf 82
Gnocchi-Topf 84
Katalanischer Gemüsetopf 86
Sautierter Gemüsetopf 88
Gemüse-Kartoffel-Ragout 90
Schupfnudelragout mit Gartengemüse 92

Party-Topf mit Geflügel

Indische Ofensuppe 18
Feiner Hähnchenfleischtopf 54
Porree-Geflügel-Eintopf mit Käseklößchen 56
Geflügel-Reis-Bällchen 58
Spanischer Hühnertopf 60
Geflügelgulasch „Ungarische Art" 62
Hähnchentopf indisch 64
Italienischer Puten-Gemüse-Topf 66
Gemüse-Hähnchen-Gulasch 78

Party-Topf mit Schweinefleisch

Kasseler-Filet-Topf, geschmort 6
Förstertopf 8
Schweinefleischtopf 12
Schweinegulaschtopf 14
Deftiger Kohltopf 18
Linseneintopf mit Speck 20
Schlemmertopf 22
Maistopf 30
Bologneser Reistopf 32
Katalanischer Gemüsetopf 86

Party-Topf mit Rindfleisch

Gratinierter Fleischtopf 10
Sächsisches Zwiebelfleisch 14
Pfifferlings-Rindfleisch-Topf 16
Rosenkohl-Hackfleisch-Topf 28
Maistopf 30
Russischer Hackfleischtopf 30
Bologneser Reistopf 32
Rindfleischtopf mit Rotwein (**Titelfoto**) 34
Rinderpörkölt in Biersauce 36
Maasdamer Rindertopf 38
Rindfleischtopf nach Sauerbraten-Art
    mit Klößen 42
Gemischter Pilztopf mit Grießklößchen 80

Party-Topf mit Lammfleisch

Ragout von der Lammkeule 44
Lamm-Gemüse-Eintopf 46
Lammtopf mit Aprikosen 48
Lammtopf mit Chinakohl 50
Griechische Lammsteaks 52

Party-Topf mit Fisch

Paprika-Linsen-Eintopf mit Forelle 24
Pikanter Garnelentopf 68
Mecklenburger Fischtopf 70
Mediterraner Fischeintopf 72
Helgoländer Fischtopf 74
Italienische Fischsuppe 76

Party-Topf mit Kalbfleisch

Kalbsgeschnetzeltes mit Oliven 40

Party-Topf mit Alkohol

Pfifferlings-Rindfleisch-Topf 16
Rindfleischtopf mit Rotwein (**Titelfoto**) 34
Rinderpörkölt in Biersauce 36
Maasdamer Rindertopf 38
Kalbsgeschnetzeltes mit Oliven 40
Rindfleischtopf nach Sauerbraten-Art
    mit Klößen 42
Feiner Hähnchenfleischtopf 54
Italienische Fischsuppe 76
Gemischter Pilztopf mit Grießklößchen 80

In dieser Reihe sind bisher außerdem erschienen: *Party-Aufläufe, Party-Braten, Party-Dips, Party-Drinks, Party-Grillen, Party-Pasta, Party-Pizza, Party-Rouladen, Party-Salate, Party-Snacks, Party-Suppen, Schnelle Party-Rezepte, Party-Toast* und *Party-Schnitzel.* Sie erhalten diese Bücher im Buchhandel.

Umwelthinweis   Dieses Buch und der Einband wurden auf chlorfrei gebleichtem Papier gedruckt. Die Einschrumpffolie – zum Schutz vor Verschmutzung – ist aus umweltfreundlichem und recyclingfähigem PE-Material.

Wenn Sie Anregungen, Vorschläge oder Fragen zu unseren Büchern haben, rufen Sie uns unter folgender Nummer an 0521 155-25 80 oder 52 06 50 oder schreiben Sie uns: Dr. Oetker Verlag KG, Am Bach 11, 33602 Bielefeld.

Bei den in diesem Buch verwendeten Rezeptnamen handelt es sich zum Teil um eingetragene Marken.

Copyright   © 2003 by Dr. Oetker Verlag KG, Bielefeld

Redaktion   Carola Reich, Annette Riesenberg

Titelfoto   Thomas Diercks, Hamburg
Innenfotos   Thomas Diercks, Hamburg (S. 4, 10, 22, 34, 46, 60, 64, 70–76, 84, 88, 90)
Ulli Hartmann, Bielefeld (S. 6, 8, 12, 14, 18, 26, 28, 32, 36, 40–44, 50–54, 58, 62, 66, 68, 78, 80)
Norbert Toelle, Bielefeld (S. 16, 20)
Brigitte Wegner, Bielefeld (S. 24, 82)
Niederländisches Büro für Milcherzeugnisse, Rijswijk (S. 38, 56)
Bernd Lippert, Bielefeld (S. 48)
Ulrich Kopp, Füssen (S. 30, 86)
Hans-Joachim Schmidt, Hamburg (S. 92)

Rezeptentwicklung und -beratung   Gerhard Ruhle, Hamburg
Mechthild Plogmaker, Dr. Oetker Versuchsküche

Nährwertberechnungen   Nutri Service, Hennef

Grafisches Konzept   Björn Carstensen, Hamburg
Gestaltung   M·D·H Haselhorst, Bielefeld
Titelgestaltung   kontur:design, Bielefeld

Reproduktionen   Mohn · Media Mohndruck GmbH, Gütersloh
Satz   JUNFERMANN Druck & Service, Paderborn
Druck und Bindung   APPL Druck GmbH & Co. KG, Wemding

Die Autoren haben dieses Buch nach bestem Wissen und Gewissen erarbeitet. Alle Rezepte, Tipps und Ratschläge sind mit Sorgfalt ausgewählt und geprüft. Eine Haftung des Verlages und seiner Beauftragten für alle erdenklichen Schäden an Personen, Sach- und Vermögensgegenständen ist ausgeschlossen.

Nachdruck, auch auszugsweise, nur mit ausdrücklicher Genehmigung und Quellenangabe gestattet.

ISBN 3–7670–0644-8